회사가 먼저 인정하는
# 야근제로
# 업무기술

**"ZANGYO ZERO" NO SHIGOTORYOKU**
by YOSHIKOSHI Koichiro
Copyright ⓒ 2007 YOSHIKOSHI Koichiro
All rights reserved.

Originally published in Japan
by NIHON NORITSU KYOKAI MANAGEMENT CENTER, Tokyo
Korean translation rights arranged
with JMA MANAGEMENT CENTER INC., Japan
through THE SAKAI AGENCY and BC Agency.

이 책의 한국어판 저작권은 BC 에이전시와 사카이 에이전시를 통한
저작권자와의 독점 계약으로 한경비피(프런티어)에 있습니다.
저작권법에 의해 한국 내에서 보호를 받는 저작물이므로
무단 전재와 복제를 금합니다.

회사가 먼저 인정하는

# 야근제로 업무기술

| 요시코시 고이치로 지음 | 황소연 옮김 |

프런티어

프런티어

회사가 먼저 인정하는
# 야근제로
# 업무기술

지은이 | 요시코시 고이치로
옮긴이 | 황소연
펴낸이 | 김경태
편집인 | 박윤조
펴낸곳 | 프린티어

제1판 1쇄 인쇄 | 2009년 12월 28일
제1판 1쇄 발행 | 2010년  1월 10일

등록 | 1967년 5월 15일(제2-315호)
주소 | 서울특별시 중구 중림동 441
전화 | (02)3604-580(기획출판팀)
       (02)3604-561~2(영업마케팅팀)
팩스 | (02)3604-599
전자우편 | hkfrontier@naver.com

ISBN 978-89-475-2737-8  03320

≋ **프런티어**는 한국경제신문사 출판법인 한경BP의 임프린트입니다.
이 책은 저작권법에 따라 보호받는 저작물이므로 무단 전재와 무단 복제를 금지하며,
이 책 내용의 전부 또는 일부를 이용하려면 반드시 저작권자와 프런티어의
서면 동의를 받아야 합니다.

* 책값은 뒤표지에 있습니다.
* 잘못 만들어진 책은 구입하신 서점에서 바꾸어드립니다.

| 머리말 |

# '야근제로'가
# 나와 회사를 살린다

2006년 12월, 나는 '트라이엄프 인터내셔널 재팬Triumph International Japan' 사장직에서 물러났다. 1983년에 입사했으니까 23년 동안 근무했고, 또 그 반 이상을 사장으로 재직한 셈이다.

예전부터 '예순이 되면 사장직에서 물러나겠다'는 나의 확고한 결심을 공공연히 말해 왔기에 사장직에서 물러난다는 사실이 주위 사람들을 놀라게 하지 않았다. 하지만 내가 사장직에서 물러남과 동시에 회사에서 완전히 은퇴한다는 사실에는 많은 사람들이 당황했던 것 같다.

일본에서는 일반적으로 사장직을 그만두더라도 회사에서

발을 완전히 빼지 않고 회장이나 고문 등의 직함을 갖는다. 특히 외국계 기업에서는 퇴임을 서두르는 사람에게 '뭔가 불미스런 일이 있었나?' 하며 의심의 시선을 보내기도 한다. 나는 불필요한 오해를 사지 않으려고 퇴임 반년 전부터 조심스럽게 내 의사를 밝혀왔다.

내가 회사에 계속 발 붙이고 있으면 주위에 민폐를 끼친다. 말로는 아무리 "신경 쓰지 말게." 하더라도 사내에 장로가 있으면 당연히 신경이 쓰이게 마련이다.

나한테까지 의견을 묻다 보면 그만큼 업무 결정이 더뎌진다. 게다가 일이 잘 풀리든 풀리지 않든 후임자 스스로가 자신의 포부를 펼쳤다는 성취감을 느끼지 못할 것이고, 따라서 일을 진심으로 즐기지 못할 것이다.

새해부터는 새로운 각오로 회사 분위기를 쇄신한다는 이야기도 있었고, 나 역시 대찬성이었기에 예순 번째 생일을 3개월 앞둔 2006년 12월 중순에 퇴임했다. 20년 이상 몸담았던 곳인데 애착이 없겠는가. 좀 더 하고 싶은 마음이 없었다고 하면 거짓말일 것이다. 하지만 회사 편에서 생각하면 이상적인 세대교체를 이루었다고 나름대로 자부한다.

내가 만일 프랑스인이었다면, 은퇴한 다음 날부터 바로

'바캉스 삼매경'에 빠졌을지도 모른다. 하지만 나는 어쩔 수 없는 일본인이다. 일이 없다는 공포감이 엄습했다. 긴장감 넘치는 생활에서 갑자기 해방되면 여유 있는 시간이 오히려 스트레스가 되어 나의 심신을 망가뜨릴 것만 같았다. 이런 불상사를 미연에 방지하기 위해 나는 모든 일에 멈춤 버튼을 누르지 않고, 조금씩 일을 줄이면서 인생 제2막에 연착륙하겠다는 계획을 세웠다.

'혼자서 할 수 있는 일을 계속하고 싶다'는 생각으로 개인 사무실을 냈다. 그러자 내 이야기를 듣고 싶어하는 고마운 분들이 잇달아 강연을 의뢰해 왔다. 그러다 보니 나는 일을 놓기는커녕 사장 시절보다 더 바쁜 하루하루를 보내고 있다. 정말 내일 일을 모르는 게 인생이었다!

강연회를 계기로 수많은 사람들을 만나고 또 그들과 인연을 맺었다. 아울러 내 강연을 들은 사람들이 '아침회의'나 '야근금지데이' 등의 시스템이 굉장히 도움이 되었다며 흐뭇한 소식을 들려줄 때, 나는 한없는 기쁨과 보람을 느꼈다.

나는 타고난 행동파여서 나를 불러주는 분들의 청을 거절하고 싶지 않다. 그렇다고 지금처럼 바쁘게 쫓아다니다 보면 연착륙은 영원히 불가능할지도 모른다. '어떻게 하지?'

하며 생각에 생각을 거듭한 끝에 나 자신을 '고급 브랜드'로 만들자는 작전을 세웠다.

한마디로 강연료를 대폭 인상했다!

강연료를 자꾸 올리다 보면 점점 의뢰가 줄어들지 않을까? 급기야 '터무니없이 비싸다. 더 이상 새로운 얘기도 없는 것 같은데……' 하며 아무도 찾지 않는다면 나는 마침내 연착륙에 성공하고, '고급 브랜드'라는 이미지를 남긴 채 완전히 은퇴할 수 있지 않을까, 하는 거창한(?) 작전이었다. 그것이 제대로 먹혀들었는지는 아직 모르지만, 덕분에 지금은 최고의 강연료를 받고 무대에 서고 있다.

강연을 의뢰하는 사람들이 가장 관심을 보이는 테마가 '야근을 줄이자!'다. 직원들의 건강과 야근수당 절감을 위해 '야근제로'를 시도하는 기업이 늘고 있지만, 생각보다 효과를 올리지 못하는 경우가 많은 것 같다.

야근을 하지 않는 대신 집에서 일한다, 야근을 못하니까 아침 일찍 출근한다, 하는 식으로 단순히 근무시간의 축만 옮긴다면 문제의 본질은 변하지 않는다.

내가 사장으로 근무하는 동안 회사는 줄곧 수익 증대를 실현했다. 한때 경영 위기에 몰리기도 했던 회사는 일본 2위의 패션업체로 재도약하며 회생에 성공했다. 이는 직원을 늘리거나 야근을 강요해서가 아니라 최소한의 직원들이 단시간에 효율적으로 열심히 일한 결과다. 나아가 이런 정책이 나 자신과 직원들의 행복한 인생에 이바지했다고 생각한다. 바로 이 점에서 나는 자긍심을 갖고 있다.

지금까지 내가 실천한 일을 되돌아보면서 정리한 것이 이 책이다. 단시간에, 효율적으로 그리고 즐겁게 일하면서 성공하길 열망하는 여러분 모두에게 도움이 되리라 확신한다.

은퇴 1주년 겨울에

**요시코시 고이치로**

차례

머리말 | '야근제로'가 나와 회사를 살린다 ····· 5

### 서장 | 탁월함을 낳는 실천의 기술
## "나는 '야근제로'로 타성을 이겼다"

알면서도 외면하는 현대 직장인의 현주소 ····· 17
야근 부대가 번성하는 진짜 이유는? ····· 19
문제 해결을 더디게 만드는 주범을 밝혀라 ····· 21
같은 조건으로 싸워 이겨야 진짜로 신이 난다 ····· 24
야근 대신 역량 강화로 목표에 다가가라 ····· 27
'마감시한'으로 스피드와 집중도를 높인다 ····· 29
타성을 비트는 것은 바로 경영자의 신념이다 ····· 31

### 1장 | 문제를 바로바로 해결하는 결단의 기술
## "전 직원을 빠르고 강한 해결사로"

'문제가 없다'는 회사가 진짜 문제다 ····· 35
'긴급대책' '재발방지' '수평전개' 3원칙으로 해결하라 ····· 38
이성으로 뼈대를 세우고 감성으로 살을 붙여라 ····· 40
문제의 본질을 파악하면 반은 해결된 것이다 ····· 43
묘안 찾기에 급급하지 말고 문제를 잘게 쪼개라 ····· 45
문제 해결을 앞당기는 결정타는 마감 발상이다 ····· 49
우선순위를 정할 시간에 하나라도 더 해결하라 ····· 51

마감시한을 정할 때는 회사 차원에서 바라보라 …… 54
확실하게 목표를 이루는 마감관리 상자 …… 57

### 2장 | 일의 스피드를 높이는 회의의 기술
## "모든 것은 시간이 아니라 집중에 달렸다"

야근 대신 회의를 선택하다 …… 63
분위기를 살피는 순간 '최선'과는 작별이다 …… 67
회의는 논리적 사고를 연마하는 최고의 수련장이다 …… 68
모든 안건은 2분 안에 결론을 내라 …… 70
가장 빠른 길은 멈춰 서지 않는 길이다 …… 74
소통의 부재, 아침회의에서 해소하다 …… 77
회의는 업무력을 향상시키는 '결전장'이다 …… 79
회의는 길게, 자주 하라 …… 82
조직의 의욕을 살리는 회의의 기술 …… 83

### 3장 | 타성을 깨는 추진의 기술
## "혁신이 통하는 조직이 살아남는다"

업무시간의 길이는 성과의 질을 보장하지 못한다 …… 91
모방으로 시작한 혁신: 오리지널에 목숨 걸지 마라! …… 93
오래 일하는 것이 아니라 비효율 척결이 진검 승부처다 …… 95

트라이엄프 재팬의 경우: 비명 속에 전원을 끄다 ····· 99
'두 번 다시 어기나 봐라' 할 때까지 밀어붙이다 ····· 101
습관을 문화로 만드는 것은 연대책임이다 ····· 105
야근을 버리고 '내 시간'을 얻어라 ····· 108
지속 가능한 삶을 낳는 마감시간 전략 ····· 109

### 4장 | 이기는 조직을 만드는 변화의 기술
## "조직, 이해하고 바꾸고 활용하라"

작지만 확실한 습관이 눈에 보이는 성공을 부른다 ····· 115
이길 기회를 주어라, 승리를 맛본 자는 스스로 변화한다 ····· 119
성공할 때까지 포기하지 않는 것, 그것이 리더의 역할이다 ····· 121
회사에게 옳은 길이면 조령모개도 서슴지 않는다 ····· 123
이념이나 사훈이 아니라 리더십으로 뭉쳐라 ····· 126
자신의 삼각형이 출발점이다 ····· 129
진정성 있는 팔로워십이 강력한 리더십을 만든다 ····· 131
조직에 있는 동안 꼭 해야 할 일은? ····· 134
활기찬 사무실에는 집중이 발붙이지 못한다 ····· 137
개개인의 업무 범위를 최대한 명확하게 구분하라 ····· 139
직원에게는 개인 사무실, 임원에게는 단체 사무실을! ····· 141
리더와 보스의 결정적 차이는 정보 공유에 있다 ····· 146

## 5장 | 순간의 승부를 가르는 역발상 기술
### "비즈니스 정글에서 역발상은 기본기다"

직장인이여, 건강한 야성미를 되찾아라 …… 151
야생의 비즈니스 세계, 암묵지를 훔쳐라! …… 153
'진인사' 하되, 그 전에 자신의 능력을 파악하라 …… 156
물병이 넘어질 때까지 방치하지 마라 …… 159
일은 게임, '돈 벌기 위해서' 일한다 …… 161
스트레스 받는 자여, 조직에서 조직 밖을 꿈꿔보라 …… 166
작은 현장 경험이 모여 자신의 힘이 된다 …… 168
첫걸음은 작은 아이디어부터 …… 170

## 종장 | 모든 것을 누리는 인생의 기술
### "모두 '잘살자고' 하는 일이다"

일하기 위한 삶이냐, 삶을 위한 일이냐 …… 175
뒤집어보면 간단한 저출산 대책 …… 178
지금 당신의 파트너는 어디를 보고 있는지 아는가? …… 181
'여생'이냐 '진생'이냐? 인생 전체의 균형을 잡아라 …… 184
무의미한 야근 대신 찾은 당신의 진짜 인생을 위하여! …… 187

## 서장

## 탁월함을 낳는 실천의 기술

"나는 '야근제로'로 타성을 이겼다"

## 알면서도 외면하는
## 현대 직장인의 현주소

'일은 정해진 근무시간 내에 마무리짓는다!'

이는 누구나 아는 상식이다. 그런데 주위를 둘러보면 초등학생도 알 법한 이 상식을 모르는 직장인들이 꽤 많은 것 같다.

얼마 전에 '워크-라이프 밸런스 Work-Life balance' 관련 세미나에 참석했던 지인이 이런 이야기를 들려주었다.

"아니 어떤 대학교수가 나와서 느닷없이 '먼저 과로사를 어떻게 추방해야 하는지부터 논의하고 싶다'고 서두를 꺼내잖아요. 순간 앗, 내가 잘못 찾았구나, 하며 바로 자리를 박

차고 나왔지요."

'워크-라이프 밸런스'라고 하면 일과 생활의 조화, 즉 회사에서 일하는 8시간과 그외 시간을 어떻게 알차게 보낼 것인가 하는 문제를 고민하는 자리 아닌가? 그런데 뜬금없이 '과로사'라니!

하지만 불행하게도 이것이 바로 우리의 현실이다.

공무원이 아닌 이상, 칼퇴근하는 직장인은 거의 찾아보기 힘들다. "여성도 야근을 한 달에 100시간 이상 하는 게 보통입니다."라는 어느 관리자의 이야기를 듣고 아연실색했던 기억이 난다.

이렇게 말하는 나도 실은 젊은 시절, 야근을 밥 먹듯이 했다. 밤 10시를 넘기는 것은 예사였고, 그 늦은 시각에 사무실 문을 나서려는 순간 한잔하고 가자는 상사에게 꼼짝 없이 붙들려 자정 넘어서까지 회사에 충성하는 일도 허다했다. 토끼 같은 마누라가 저녁상을 차려놓고 기다린다는 걸 뻔히 알면서도 술자리를 거절하기는커녕, 집에 전화 한 통 걸 여유조차 없을 정도로 조직 분위기가 살벌했다.

아내가 일본인이었다면 그런대로 사정을 이해해 주었을지도 모른다. 그런데 내 아내는 프랑스인이다. 가정을 내팽

개치면서 회사에 몸 바쳐 충성하는 남편을 절대 용납하지 않았다. 결국 우리 가정은 파탄 직전까지 곤두박질쳤다. 천만 다행히도 당시 내가 근무하던 회사는 외국계 기업이었고, 내가 신청한 대로 홍콩 사무소로 발령을 받아서 최악의 사태는 모면할 수 있었다.

그때를 돌이켜보면 아내의 태도가 전적으로 옳았으며, 그 덕분에 내 인생의 방향을 가까스로 바로잡을 수 있었다고 생각한다.

## 야근 부대가 번성하는 진짜 이유는?

최근 정보기술의 눈부신 발달로 효율적인 작업 환경이 갖추어졌지만 야근은 예나 지금이나 일반적이다. 이처럼 야근, 특근 등 시간외 근무가 사라지지 않는 진짜 이유는 무엇일까?

이 질문의 대답은 딱 하나, 많은 직장인들이 '야근이 회사 또는 개인의 발전에 도움이 된다'(또는 도움이 '되는 것처럼' 보인다)는 선입견에 사로잡혀 있기 때문이다. 단지 밤늦게까지 사무실에 남아 있다는 이유만으로 '나는 회사에 도움이 되는 일꾼이다'(또는 그렇게 보일 것이다) 하는 생각에 어깨에 힘이 들어간다. 반대로 몇 주 만에 처음으로 칼퇴근이라도 할라치면 왠지 모르게 어깨가 움츠러든다.

한편 회사에서도 '직원들이 야근하는 건 미덕'이라고 생각한다. 전체 회의를 심야 시간대에 고집하거나, 사무실에 늦은밤까지 불이 환하게 밝혀져 있지 않으면, 다음 날 아침 "요즘 왜 이렇게 나태한가? 일은 언제 하는 거야?" 하며 직원들을 호통치는 사람이 유능한 경영자로 인정받는다.

"요즘 같은 불황에 살아남으려면 남보다 더 많이 더 오래 일하지 않으면 안 돼!" 하고 회사가 큰소리치면, 직원들은 "다들 늦게까지 일하는데 나만 일찍 퇴근할 수야 없죠." 하며 맞장구친다.

게다가 직종에 따라 차이는 있지만 시간외 수당도 무시할 수 없지 않은가. 그래서인지 직원이 오히려 야근을 더 반긴다는 얘기도 심심찮게 들린다. 하지만 근무시간 외의 급여는 어디까지나 '서비스 근무에 대한 대가'라는 사실을 기억해야 한다.

 최고경영자부터 말단 직원까지 갖가지 이유를 대면서 야근을 현실로 받아들인다. 아무도 야근의 폐해에 제대로 주목하지 않는다. 야근부대는 여전히 번성 중이다.

## 문제 해결을 더디게 만드는 주범을 밝혀라

 회사도 필요하고 직원도 받아들이니까 야근은 불가피하다고 수많은 경영자들이 입을 모은다. 하지만 이는 명명백백 잘못된 판단이다. 파고들어 따져보면 따져볼수록 야근은 회사 쪽에서 보면 '선善'이 아니라 경영에 부정적인 영향을 끼치는 '악惡'의 근원이기 때문이다.

 우선 야근은 회사와 그 구성원이 안고 있는 문제를 은폐하는 장치 역할을 한다.

 정해진 근무시간 내에 일을 끝내지 못했다면 분명 그 원인이 있게 마련이다. 업무의 절대량이 지나치게 많거나, 작업방식이 비효율적이거나, 그것도 아니면 직원의 사기가 저하되었거나. 이때 생산성을 높이기 위해서는 반드시 문제의 원인을 찾아내서 해결해야 한다.

그런데 '시간 안에 마무리 못하면 야근하지 뭐!' 식으로 안일하게 대처하다 보면, 일이 제시간에 끝나지 않은 이유를 모른다. 그러니 매번 같은 문제가 되풀이되는 악순환에 빠질 수밖에 없다.

요컨대, **야근의 가장 큰 폐해는 문제를 가시화해서 개선할 수 있는 절호의 기회를 앗아간다는 점이다.**

반면에 '일일이 원인을 규명해서 개선하려고 하면 비용이 만만치 않게 든다. 야근으로 회사가 잘 굴러간다면 문제없는 것 아닌가!' 하고 반론하는 사람도 있다. 하지만 이것 역시 잘못된 생각이다.

도요타 자동차의 '도요타 생산방식'을 아는가?

이는 부품에 불량이 나면 즉시 조립라인의 가동을 멈추고 문제의 원인을 철저하게 규명해서 재발을 방지하는 시스템이다.

생산라인을 중단해야 하므로 당연히 멈춤 시간 동안 비용이 발생한다. 하지만 추가비용이 들더라도 일단 문제의 뿌리를 뽑으면 두 번 다시 똑같은 문제가 발생하지 않으므로 전체의 정밀도와 효율성 향상에 기여할 수 있다. 멀리, 크게 보면 훨씬 경제적인 방식이다.

이처럼 문제를 차근차근 해결해서 생산성을 높이는 공장은 주위에서 흔히 찾을 수 있다.

그런데 유독 사무직 근로자들은 문제의 원인 규명에 발 벗고 나서지 않는다. 물론 사무직의 경우, 생산직에 비해 고유업무가 명확히 구분되지 않는다는 점도 원인 규명을 소홀히 하는 하나의 원인일 것이다. 하지만 고유업무를 따지기 전에 야근이 한발 앞서 문제 자체를 은폐하는 경우가 더 많다.

일본의 내각부가 발표한 '2006년 국민생활 백서'에 따르면 일본에서 주 50시간 이상을 근무한 노동자의 비율은 28.1퍼센트로, 이는 프랑스(5.7%), 독일(5.3%) 등 다른 서구 선진국에 비해 엄청나게 높은 수치다.

그렇다고 업무처리 능력 면에서 일본인만 유독 뒤처지는가. 내 생각에는 오히려 근로자 개개인의 기초 자질은 다른 나라 근로자와 비교해서 절대 뒤지지 않는다. 다만 현재 일본 기업에는 개인의 능력을 계발하고 육성하는 환경이 충분히 조성되어 있지 않다. 즉 야근이 고질화된 일본 기업이 직원들의 훌륭한 업무처리 능력을 '빼앗고' 있다.

그날 업무를 빨리 마무리하더라도 일찍 퇴근하지 못한다, 어차피 야근을 해야 하는데 제시간에 끝낼 필요가 있나, 하고 생각한다면 업무의 집중도는 떨어지게 마련이다. 영업직 근무자의 경우, '야간 근무'를 위해 체력을 비축해 두자며 낮에는 회사 밖에서 적당히 시간을 때우는 말도 안 되는 발상으로 자기도 모르게 기울어지기 쉽다.

결국 **야근은 직장인들의 업무 효율을 떨어뜨리는 주범**이다.

## 같은 조건으로 싸워 이겨야 진짜로 신이 난다

야근의 폐단이라고 하면 아직 할 말이 많다.

'유능한 여성 인재의 사기를 저해한다'는 사실은 특히 꼬집어 지적하고 싶다. 직장생활과 육아를 병행하는 여성이라면 저녁 6시쯤엔 퇴근을 해야 보육기관에 자녀를 맡길 수 있

## 시간 활용법의 현실

**직장인의 하루**

### 24시간 - 수면시간 - 근무시간
(출퇴근시간과 야근시간을 포함하면)

**남는 시간이 거의 없다!**

다. 하지만 밤 10시가 넘어서까지 회사에 매여 있어야 한다면 일과 육아를 함께하기가 쉽지 않다. 즉 야근이 당연시되는 회사의 경우, 여성 직장인은 출산과 동시에 사표를 써야 할지도 모른다.

최근에는 남성보다 능력 있는 여성이 많은데, 이런 훌륭한 인재를 놓친다면 회사로선 엄청난 손실이다. 또한 일을 계속하고 싶어하는 여성이 야근이 필수인 직장생활 때문에 출산을 기피한다면 지속적인 사회 발전에도 역행하는 일이다. 야근이 저출산 문제를 초래한다는 생각이 아직도 지나친 비약이라고 생각하는가?

직원을 착취하다시피 해서 매출을 올리는 것이 얼마나 의미 있는 일인지, 솔직히 나는 모르겠다.

비즈니스와 일은 공통 규칙 아래에서 경쟁하는 일종의 게임이다. 이때 정해진 시간 내에 경쟁하는 것은 중요한 규칙 가운데 하나다. 같은 조건으로 싸우기 때문에 승부에 상관없이 게임이 재밌다. 야근해서 이겼다고 외쳐보라. 글로벌 시장에서는 '시간외 근무까지 하는데 이기는 건 당연하지 않아? 못 이기는 게 이상하지!'라는 비웃음만 살 것이다.

지금부터라도 비즈니스맨들이 지위고하를 막론하고 이

런 현실을 직시해 주었으면 한다.

## 야근 대신 역량 강화로 목표에 다가가라

'야근은 기업이 안고 있는 문제를 감추고, 업무의 효율을 떨어뜨리기 때문에 당장 금지해야 한다!'고 아무리 목소리를 높여도 현실적으로 야근을 뿌리 뽑기란 여전히 어렵다. 많은 사람들이 경제 발전의 원동력을 장시간 근무시간에서 찾는 한 야근은 절대 사라지지 않는다.

만일 근로기준법이 확 바뀌어, 시간외 수당을 지금보다 50퍼센트쯤 올려 지불해야 한다거나, 야근이 아예 법률로 금지된다면 또 모를까, 야근이 회사와 사회에 이바지한다거나 최소한 '필요악'이라는 '상식'은 100년이 지나도 변하지 않을지 모른다. 하지만 기업 단위라면 이야기가 달라질 수 있다. 방법에 따라서는 지금 당장이라도 '야근제로'를 실천에 옮길 수 있다. "이제부터 야근 금지다!"하는 경영자의 말 한

마디면 되는 것 아니겠는가.

　하지만 이것은 어디까지나 이론상의 이야기고, 현실은 그리 간단하지가 않다. 물론 단순히 야근 금지에 그친다면 문젯거리도 되지 않을 것이다. 퇴근시간이 되자마자 "하던 일은 멈추고 이제 퇴근해라." 하면 직원들은 기꺼이 회사 문을 나설 것이다. 그런데 아무 대책 없이 야근 금지령만 내린다면 매출이 떨어지다 못해 기업의 존립이 위태로워질지도 모른다. 아니 그 이전에 "회사를 망치는 지시를 내리다니 당신 정신이 있는 거요, 없는 거요?" 하며 당장 주주가 대표이사를 해고할지도 모른다.

　이처럼 '야근제로'는 마음만으로 절대 불가능하다. 진심으로 야근 없는 일터를 바란다면, 야근을 하지 않아도 기존과 동일한, 아니 그 이상으로 실적을 올릴 수 있게 직원의 의식을 바꾸고 기업 시스템을 개혁해야 한다. 물론 문제는 대단히 어려운 과제다. 그래서 '충분히 공감은 가지만 현실은 야근 없이 굴러가기 어렵다'며 시도조차 하지 않고 지레 포기하기 쉽다.

　그래도 경영자에게 야근을 뿌리 뽑자는 강한 신념이 있다면, 반드시 성공할 수 있다고 나는 확신한다. 내가 근무했던 회사에서 퇴임하는 날까지 '야근제로'를 고수했지만, 19년 동안 목표 달성에 실패한 적은 단 한 번도 없었다.

실제로 야근을 없앰과 동시에 기업역량 강화로 성공한 사례가 일본뿐 아니라 세계 곳곳에서 속속 등장하고 있다.

## '마감시한'으로 스피드와 집중도를 높인다

그렇다면 어떻게 야근을 뿌리 뽑을 수 있을까?

가장 먼저 업무의 마감시한을 정하고, 이를 철저히 사수하는 일부터 시작한다.

야근이 체질화된 기업을 살펴보면, 상당수의 직원이 '언젠가는 끝나겠지' 하며 근무시간에 손을 놓고 있다. 업무를 지시하는 관리자도 '가능한 빨리' 또는 '다 되면 가져와' 식으로 마감시한을 분명히 정하지 않는 경우가 많다.

따라서 **모든 업무에는 반드시 마감시한을 정하고 이를 공식적으로 발표해 지킬 수밖에 없는 상황을 만든다.** 그런 다음 야근을 금지하는 것이다.

　예를 들어 지금까지는 "가능한 빨리 기획서를 정리해."라는 지시가 내려졌을 때, 부하직원이 이틀 동안 야근을 한 뒤, 사흘이 지나서 기획서를 제출하는 것이 평균 속도였다고 가정해 보자. 이를 "내일 회의에서 전원 승인을 얻을 수 있는 기획서를 준비할 것, 단 야근은 절대 금지다."라고 똑부러지게 지시하는 것이다.

　무모한 시도라고 고개를 돌릴지도 모른다. 하지만 '야근시간에 하면 되지 뭐.' 하고 마는 느슨한 근무방식이 몸에 밴 직원이라면, 마감시한만으로도 눈에 띄는 효과를 올릴 수 있다. 개개인의 기초 능력을 감안한다면, 지금보다 업무처리 속도를 5배 정도는 거뜬히 올릴 수 있다고 확신한다.

　마감시한으로 업무처리 속도와 업무 집중도를 높이면 야근 없이도 목표량을 무난히 달성할 수 있다.

## 타성을 비트는 것은 바로 경영자의 신념이다

 업무처리 속도가 하루아침에 빛의 속도로 달리지는 않을 테니, 야근 금지령 이후 성과를 올리기까지는 시간이 필요하다. 직원들의 반발도 불을 보듯 뻔하다.

 이때 경영자가 '야근이야 적당히 줄이면 되지' 하는 얄팍한 생각만 가지고 덤빈다면 어려운 난관을 헤쳐나갈 수 없다. 반대로 '어떤 일이 있어도 야근은 없앤다', '내가 옳다고 믿는 신념은 끝까지 밀고 나가리라'며 두 주먹을 불끈 쥐는 경영자는 자신의 목표를 끝까지 관철시킬 수 있다.

 얼마 전에 어느 여성 경영자로부터 메일을 한 통 받았다.

 "요시코시 선생님의 강연을 듣고 '야근금지데이'를 도입하려고 했더니, 그러면 일도 제대로 돌아가지 않아서 결국에는 회사가 문 닫을 거라며 반대의 목소리가 하늘을 찌릅니다. 어떻게 하면 좋을까요?"

 나는 이렇게 답장했다.

"사장이 '야근금지데이'를 실시한다고 하면 실시하는 것입니다. 더 이상 왈가왈부하지 말라고 딱 잘라 말하세요. 그럼 이만!"

퇴근시간이 지나면 사무실 전등 스위치를 끄고 이를 위반한 직원이나 부서에는 벌금을 매긴다. 야근이 적발될 때마다 '반성회'를 열고 왜 근무시간 내에 일을 마무리짓지 못했는지 누가 들어도 이해할 만한 대답이 나올 때까지 몰아붙인다…….

이쯤 되어 대부분의 직원들이 차라리 야근을 하지 않는 게 낫겠다고 두 손을 든다면, 자연스럽게 야근은 없어진다. 바로 이것이 내가 실천한 방식이고, 그날이 올 때까지 경영자는 꿋꿋하게 버텨야 한다.

덧붙이자면, 과로사의 원인은 분명히 과도한 야근이다. 정해진 근무시간에 집중해서 일한다고 해서 과로사로 이어지지는 않는다.

# 1장

## 문제를 바로바로 해결하는
## 결단의 기술

"전 직원을 빠르고
　　　강한 해결사로"

## '문제가 없다'는 회사가 진짜 문제다

일을 하다 보면, 날마다 크고 작은 문제에 직면한다.

반대로 '우리 회사는 아무 문제도 없어!' 하고 큰소리 뻥뻥 치는 회사는 그야말로 위험하다. 왜냐하면 문제가 없다고 자부하는 조직일수록 숨어 있는 심각한 문제를 보지 못하고 있거나, 발생한 문제를 정면에서 파고들지 않고 땜질 처방으로 어물어물 넘어간다거나, 아니면 시간 때우기 식으로 일을 하다 보니 처음부터 문제의식이 없어 위험상황에 처해 있을 확률이 높기 때문이다. 현실에 안주하지 않고 좀 더 높은 이상과 목표를 품고 일하고 싶다면, 문제는 어딘가에 늘 있는 것이 당연하다고 생각해야 한다.

일본에서 '재계의 신'으로 존경받았던 도코 도시오土光敏夫(1896~1988)는 그의 저서 ≪경영의 행동지침經營の行動指針≫에서 "문제를 찾아서 문제를 만들어내라. 문제가 없어지면 조직은 죽는다."고 역설했다.

이처럼 문제가 있다는 것은 잘못된 일이 절대로 아니다. 열심히 일하다 보면 문제는 반드시 생기게 마련이다.

문제가 발생하면 모든 방법을 총동원해서 그 문제를 해결하려고 한다. 하지만 문제를 해결하는 과정에 적용하기만 하면 바로 정답이 나오는 공식 따위는 존재하지 않는다. 그러니 문제와 맞닥뜨릴 때마다 자신의 머리로 모범답안을 찾아야 한다.

평소 익숙한 업무에 비해 문제를 해결하는 데는 적지 않은 스트레스와 엄청난 에너지가 필요하다. 게다가 문제가 원만하게 해결되면 다행이지만, 문제 해결에 실패라도 한다면 회사에 손실을 끼치는, 무능력한 직원으로 낙인찍힐 수도 있다.

이쯤 되면 누구나 문제는 가능한 한 피하고 싶고 '오늘 하루도 무사히!'를 외치고 싶다. 하지만 그럴수록 자신의 바람과는 반대로 문제는 쉴 새 없이 몰려오게 마련이다.

문제가 발생했을 때 최악의 경우는 시간이 없네, 뾰족한 수가 없네, 갖가지 변명거리를 끌어대면서 아무런 대책 없이 손을 놓아버리는 일이다. "이렇게 조그마한 잡초쯤은 언제든지 가위로 싹둑 자를 수 있어." 하고 내버려두면, 잡초는 순식간에 자라고 번져 처치 곤란한 상태가 된다. 문제를 발견함과 동시에 전력투구해서 해결하지 않으면 하루가 다르게 문제가 커진다는 사실을 잊지 말아야 한다.

그렇다면 문제는 왜 커질까?

그 이유를 알려면 문제의 구조를 파악할 필요가 있다. 간단하게 말하자면, 문제는 단독으로 존재하는 듯 보여도 그 실체는 **여러 개의 작은 문제가 뒤섞인 문제들의 집합**이다. 더욱이 주변 문제를 동반하거나 문제끼리 얽히고설켜 반복되기 때문에 뿌리를 뽑지 않는 한, 문제는 더 크고 복잡하게 얽혀가는 것이다.

정신적인 측면에서도 문제는 시간과 함께 커져간다.

학창 시절, 여름방학 숙제를 떠올려보자. 방학 첫날은 아직 한 달이나 남았다고 좋아라 하지만, 개학이 다가옴에 따라 숙제를 끝내야 하는 정신적인 부담감이 눈덩이처럼 커진다. 그러다 개학 전날 밤, 울먹이며 숙제에 매달린 경험은 누구나 한번쯤 갖고 있을 것이다.

마찬가지로 문제 해결을 다음으로 미루다 보면, 가슴에 매달린 돌은 점점 크고 무겁게 느껴진다. 이후 문제의 심각성을 자각했을 때는 이미 문제 해결을 위한 의욕이나 도전 정신은 찾아볼 수 없고 단순히 의무감만 남는다.

이쯤 되면 진정한 문제 해결과는 거리가 멀어지는 것도 당연하지 않을까?

## '긴급대책' '재발방지' '수평전개' 3원칙으로 해결하라

사장 취임 직후, 나는 시도 때도 없이 화를 냈다. 특히 어떤 부서에서 문제가 발생했다는 보고를 받은 날에는 "자네들 모두 죽었어!" 하면서 회의실에서 버럭 소리를 지르곤 했다.

그런데 어느 날부터인가, 나는 실수나 실패에 직면했을 때 목에 핏대를 세우지 않게 되었다. 아무리 화를 내도 상황은 전혀 호전되지 않는다는 사실을 깨달았기 때문이다.

　실수나 실패를 나에게 보고한 시점에 이미 문제의 당사자는 사태의 위급함을 충분히 의식하고 있다. 궁지에 몰린 사람을 추궁해 봤자 상황만 악화시킬 따름이다. 소리나 지르고 있을 시간에 한시라도 빨리, 긴급대책을 세우는 것이 현명하다.

　예를 들어 공장에서 작은 화재가 발생했다면, 가장 먼저 해야 할 일은 "누구야, 불을 낸 게?" 하며 책임자를 추궁하는 게 아니라 불을 끄는 것이다. 소화기 확보, 소방서에 바로 연락하기, 양동이로 물 퍼나르기, 대피시키기 등 각자 해야 할 일을 명확히, 그것도 최대한 빠른 시간 내에 지시하는 것이 바로 '긴급대책'이다.

　그다음이 '재발방지'와 '수평전개'다.

　화재가 발생한 원인을 규명하는 과정에서 낡은 배선이 문제였음을 알아냈다면 이후 재발방지를 위해 공장 내 배선을 점검하고, 낙후된 전선을 새 것으로 교체하며, 연간 스케줄표에 1년에 한 번 이상 배선 점검 항목을 집어넣는 것이 '재발방지'다.

　아울러 다른 공장에도 같은 지시를 내리는 것이 '수평전개'다. 요컨대, 냉철한 이성으로 문제를 해결해야 한다. 감정에 휘말리는 순간 사태는 당신의 손을 벗어나 제멋대로 움직이며 절대 호전되지 않는다.

## 이성으로 뼈대를 세우고
## 감성으로 살을 붙여라

　문제 해결에는 이성적 판단과 논리적 사고가 중요하다고 지적했는데, 어린 시절부터 논리적인 사고회로를 연마한 서양인과 달리, 동양인은 논리보다 의리를 중시하는 경향이 강하다. 이렇게 감성과 의리를 중시하는 사람을 나는 '의리파·인정파'라고 부른다.

　지금까지 감성이 지배한 영역을 하루아침에 논리로 대체할 수는 없다. 이는 실제 나의 경험담이기도 하다. 다만 나는 프랑스인 아내 덕분에 일상생활에서 논리적 사고를 갈고 닦을 기회가 많았다. 예를 들면 "오늘 저녁에 뭘 먹고 싶어요?"라고 아내가 물었을 때, 내가 "고기!"라고 대답했다고 치자. 그러면 거기서부터 우리의 대화가 시작된다. 왜 '고기'를 선택했는지 그 이유를 설명하는 것이다. 이에 '왠지, 그냥 먹고 싶어서' 식의 감정이나 기분에 근거한 대답은 설득력을 얻지 못한 채 퇴출감이다.

"요즘 식탁에 계속 채소만 올라왔잖소. 어제 저녁엔 생선구이를 먹었고. 며칠 전에 선물 받은 레드와인도 생각나. 그러니 오늘밤에는 스테이크를 먹으면 좋겠소."라는 식으로 근거를 조리 있게 설명해야 맛있는 저녁식사를 할 수 있다.

이야기가 삼천포로 빠졌지만, 아무튼 업무에서 어떤 문제가 발생했을 때 긴급대책, 재발방지, 수평전개와 같이 차근차근 논리적으로 해결방안을 모색하고 하나씩 말끔하게 처리하는 대처법이 감정적으로 달려드는 것보다 훨씬 효과적이다.

그렇다고 의리나 인정이 지닌 고유의 가치를 부정하는 것은 결코 아니다. 실제 업무현장에서 보면, 의리와 인정이 훌륭한 윤활제 역할을 하는 경우가 많다.

따라서 먼저 이성으로 뼈대를 단단히 세운 뒤 그 사이사이를 의리와 인정으로 메우는 식으로 이성과 감성의 조화를 이루는 것이 가장 이상적이다.

| 감정에 치우친 의사결정 | 이상적인 의사결정 |

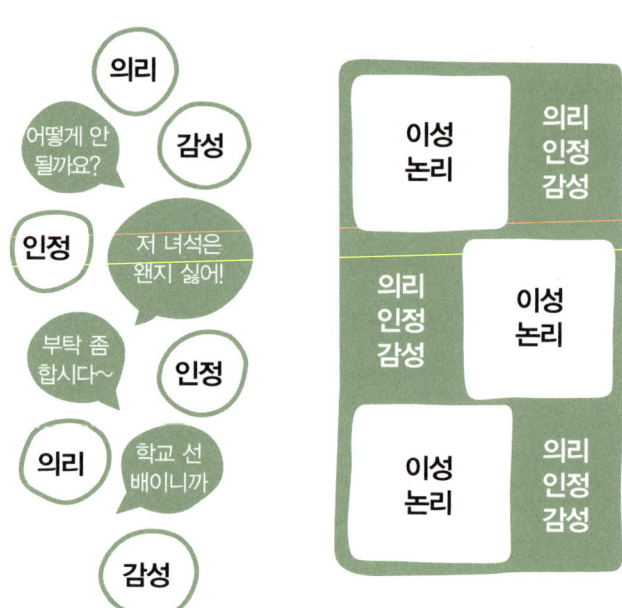

냉철한 이성을 바탕으로 논리적으로 문제를 해결하는 것이 기본! 단, 차가운 이성만으로는 될 일도 안 되게 만드는 우를 범할 수 있으니, 의리·인정으로 인간관계의 묘미를 살림으로써 비즈니스의 묘를 터득하라.

## 문제의 본질을 파악하면 반은 해결된 것이다

나는 좀처럼 화를 내지 않지만, 직원이 의도적으로 정보를 은폐하거나 거짓말한 사실이 탄로나면, 그 순간만큼은 버럭 소리를 지른다.

우리 회사는 모든 정보를 공개해서 전 직원이 공유하기 때문에 논리적이면서도 정확한 판단이 가능하다. 그런데 판단의 근거가 되는 정보가 애초부터 틀렸다면, 잘못된 판단을 내릴 수밖에 없다. 요컨대, 정보의 은폐와 거짓은 회사와 조직에 불이익을 초래하는 나쁜 행위다. 이는 절대 용납되어서는 안 된다.

반대로 사내 모든 정보가 공개되어 있고 누구나 그 정보를 입수할 수 있다면, 해당 조직이나 기업은 문제해결 능력이 강하다고 말할 수 있다.

한편 조직에는 일단락지어진 문제가 얼마 뒤 모습을 바꾸어서 다시 나타나는 경우도 비일비재하다. 이는 해결된 것처럼 보이지만 실은 표면에 드러난 개별 증상만 일시 소강된 상태로, 문제의 뿌리는 여전히 잔존하는 상황이다. 이처럼 문제의 전체상을 파악하지 못한 채, 개별 증상에만 매달리면 문제를 근원부터 해결하는 것은 불가능하다.

문제의 전체적인 그림을 그리지 못하는 이유는 무엇일까?

한마디로 말하자면, 정보가 부족하기 때문이다.

영업부에서 발생한 문제는 대개 영업부 서랍 안에 있는 자료와 문서를 이용해 처리한다. 하지만 문제의 같은 뿌리에서 파생한 다른 문제가 제작부에서도 나타날지 모른다.

부서 간 의사소통이 잘되고 정보를 서로 공유하고 있다면 문제의 본질에 좀 더 신속하게 접근할 수 있다. 반면에 각 부서별로 정보가 공유되어 있지 않다면 '우리가 지금 보고 있는 문제가 전부다'라고 착각하기 쉽다.

이처럼 전체적인 윤곽을 정확하게 포착하기 어려운 점이 문제 해결의 최대 장애물이다.

이를 뒤집어 말하면 정보 공유와 활발한 의사소통을 통해 문제의 본질을 꿰뚫는다면, 문제 해결도 그리 어렵지 않다.

# 묘안 찾기에 급급하지 말고
# 문제를 잘게 쪼개라

신문에 일본의 대표적인 전자업체인 히타치HITACHI가 PC 생산에서 사실상 손을 뗀다는 기사가 나왔다. 그런데 표제어가 '선택과 집중'이었다.

'선택과 집중'이란, 하버드대학교 교수 마이클 포터Michael Porter(1947~)가 주장한 이론으로 '문어발식으로 사업을 확장하기보다는 경쟁력 있는 분야에 경영자원을 집중해서 확실한 승리를 이끈다'는 전략이다.

또 중국의 『손자병법』에도 '국지전에서 대군을 물리치려면 적은 분산시키고 아군은 똘똘 뭉쳐 늘 적보다 우위에 서라'는 '각개격파各個擊破'의 원리가 등장한다.

이처럼 예로부터 사건이나 문제를 해결하려면 잘게 쪼개라고 설파한 위인이 많다.

실제 업무현장에서도 세분화 방식은 어려운 문제를 해결할 때 막강한 파워를 발휘한다.

높은 장애물을 만나면 어디서부터 어떻게 넘어야 할지 몰라서 발만 동동 구르는 사람이 많다. 더욱이 기존에 한 번도 경험하지 못한 장애물이라면, 선입견으로 안일하게 대응하다가 사태를 악화시키거나, 장애물의 벽이 점점 높아지는 상황을 그저 뒷짐 지고 바라보는 경우가 많다.

어느 날 갑자기 문제가 생겼을 때 아무런 대응책을 강구하지 못하는 이유는 문제 해결을 위해 단 하나의 공식만 좇기 때문이다. 이는 '아인슈타인이 상대성 이론을 발견했다'는 것처럼 '이 문제를 단번에 해결할 수 있는 해법이 분명 존재한다'고 믿는 것과 같다.

징말 그런 천하무적 해법이 존재한다고 해도, 천재가 아닌 이상 해법 공식을 발견하기란 거의 불가능하다. 더욱이 보통 사람이 상대성 이론에 견줄 만한 완벽한 공식을 찾아낼 수 있겠는가. 나는 수학 공식만 떠올려도 머리가 지끈지끈 아프다.

천재가 아닌 나라면, 문제에 직면했을 때 어떻게 대처해야 할까?

방법은 딱 하나, **큰 문제를 잘게 쪼개는 것이다.**

앞이 보이지 않는 문제와 맞닥뜨렸다면, 먼저 복잡하게

얽혀 있는 실타래부터 풀어라. 그러면서 문제를 점차 세분해 나간다. 이런 과정을 거치는 동안에 '이 정도라면 나도 해결할 수 있다'는 자신감이 생긴다. 그러면 일단 그 문제를 해결한다. 문제를 작게 쪼갠 뒤 모든 문제를 한꺼번에 정리하려 들지 말고, 긴급대책이 필요한 문제부터 처리한다. 그 뒤로 재발방지, 수평전개 순으로 처리한다. 한편 바로 해결할 수 없는 뿌리 깊은 문제는 일단 보류해 둔다.

이처럼 문제를 세분하면 자신이 할 수 있는 일과 해야 할 일이 구체적으로 보이기 때문에 바로 행동을 취할 수 있다. 무엇보다 속수무책으로 팔짱끼고 있을 때보다 마음이 한결 편하다. 나아가 할 수 있다는 의욕이 샘솟는다. 의욕 고취도 세분화가 주는 이점 가운데 하나다.

다만 작게 나눌수록 처리 자체는 간단해지지만 그만큼 시간과 노력이 필요하다는 사실을 명심하라. 제반 문제를 고려하면서 어디까지 문제를 작게 쪼갤 것인지 진지하게 생각해 보자.

문제를 제대로 쪼개고 있는가, 아닌가의 문제는 그다지 신경 쓰지 않아도 된다. 처음에는 작게 나눈 문제끼리 서로 겹쳐도 상관없다. 나누는 방법을 걱정하기보다는 세분하면

## 문제는 여러 문제들이 서로 복잡하게 얽히면서 커진다!

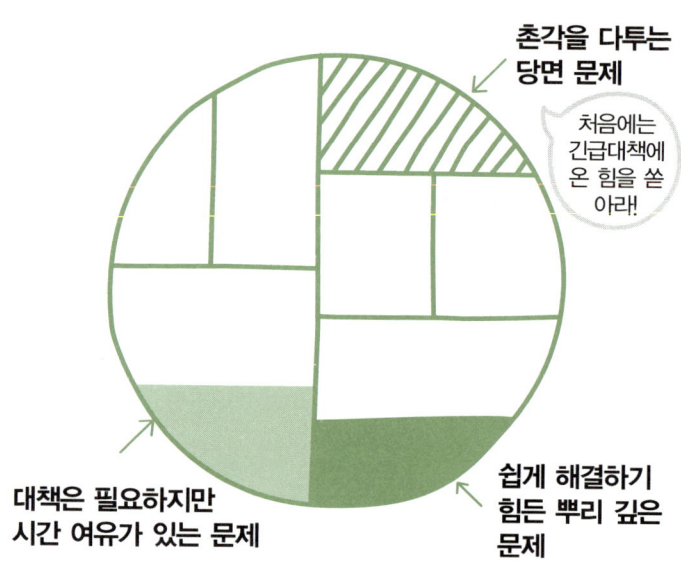

**촌각을 다투는 당면 문제**

처음에는 긴급대책에 온 힘을 쏟아라!

**대책은 필요하지만 시간 여유가 있는 문제**

**쉽게 해결하기 힘든 뿌리 깊은 문제**

> 문제는 잘게 쪼개서 '긴급대책'이 필요한 문제부터 역량을 집중한다. 이후 '재발방지' '수평전개' 순으로 처리한다.

서 바로 행동을 개시하는 쪽이 성공으로 가는 지름길이다.

## 문제 해결을 앞당기는 결정타는 마감 발상이다

　문제 해결을 위한 업무 효율화와 업무 집중도에 지대한 공헌을 하는 장치가 '마감'이다.

　안타깝게도 마감을 중시하는 직장인은 그리 많지 않은 것 같다. 특히 사무직의 경우, 의식적으로 마감시한을 사수하는 분위기는 찾아보기 힘들다.

　하지만 꼭 기억해 두라. **마감의 효과는 당신이 상상한 것보다 훨씬 강력하다.** 마감시한이 없는 상황을 떠올려보면 마감의 중요성을 쉽게 이해할 수 있다.

　예를 들면 "천천히 부탁드립니다."라며 마감이 없는 일을 의뢰받았을 때, 당신은 당장 시작하는가? 뚝딱 해치울 수 있는 단순작업이라면 몰라도 대개 '시간 있을 때 처리해야지', '좀 더 준비한 다음 시작해야겠다'며 차일피일 미룰 것이다.

마감시한이 느슨한 경우도 마찬가지다. 마치 여름방학 숙제처럼 시간이 많다고 의욕이 샘솟는 것은 아니다. 빨리 시작해도 시간이 넉넉하다는 생각에 되레 집중이 잘 되지 않는다. 결과적으로 시간이 배로 걸린다. 긴장감을 상실한 업무는 마냥 늘어지기 일쑤다. 바로 이 점이 회사에서 야근이 사라지지 않는 이유다.

원칙적으로 그날 업무는 퇴근시간까지 끝내야 마땅하다. 그런데 밤 11시도 좋고 밤 12시도 좋다고 마감을 느슨하게 생각하다 보면 업무의 집중도는 그만큼 떨어진다.

물론 떨어지는 효율을 장시간의 노동으로 땜질하던 시대도 있었다. 하지만 이는 호랑이 담배 피던 시절 이야기일 뿐, 21세기를 사는 오늘날 업무의 효율을 외면한다면 경쟁에서 살아남지 못한다. 신속한 판단을 조금만 지체해도 경쟁사에게 밀리고 시장에서 철퇴당하는 사례가 부지기수다. IT 업종뿐 아니라 모든 업계가 초를 다투며 속전속결에 사활을 거는 시대다.

문제 해결도 마찬가지다. 문제를 잘게 쪼개서 실천 계획을 수립해도 문제 하나를 처리하는 데 시간이 많이 걸리면, 지체되는 동안 문제가 커지거나 다른 문제가 발생해서 문제 해결은 영영 불가능하다. 이런 사태를 막으려면 문제를 분해한 즉시, 빡빡한 마감시한을 정해서 당장 죽기 살기로 매달려야 한다. 바로 이것이 마감 발상이다.

## 우선순위를 정할 시간에 하나라도 더 해결하라

당연한 이야기겠지만, 문제를 세분하는 만큼 처리해야 할 업무는 늘어난다. 문제 해결에 필요한 과제 말고도 직장인들은 1년 365일 할 일이 산더미 같다. 그렇다면 책상 위에 수북이 쌓여 있는 일을 어떻게 효율적으로 처리해야 할까?

이 질문의 답을 얻기 위해 많은 직장인들이 시간관리 노하우 서적들을 펼쳐든다. 그만큼 '업무의 효율화'라는 테마는 많은 직장인들의 커다란 관심사임이 분명하다. "업무의 우선순위는 어떻게 매겨야 할까요?" 나도 이런 질문을 종종 받는다. 그러면 나는 이렇게 대답한다. "우선순위를 매기거나 스케줄표를 작성할 여유가 있으면 그 시간에 업무 하나라도 더 마무리짓는 게 낫지 않을까요?"

'어떻게 하면 효율적으로 일처리를 할 수 있을까, 이걸 먼저 할까, 저걸 먼저 할까'하며 고민하는가? 그럼 아직 여유가 있다는 뜻이다.

진심으로 업무의 효율을 극대화하고 싶다면, 방법은 딱 한 가지!

먼저 꽉꽉한 마감시한을 정하고, 마감 사수를 위해 죽기 살기로 매달린다. 1분 1초도 아까운 극한상황에 내몰리면, 업무처리 속도는 자연히 빨라진다. 실제 현장에서는 남보다 빨리 착수하고 빨리 끝내는 사람이 우선순위를 놓고 마냥 고민하는 사람보다 일 잘하는 인재로 통한다.

직장인의 **업무능력은 '능력×시간×효율'이 결정**한다. 여기에서 능력을 하루아침에 두 배로 향상시킬 수도 없고, 시간을 남보다 두 배로 늘릴 수도 없다. 능력과 시간은 개인의 힘으로 통제하기 어렵다는 뜻이다. 하지만 효율은 다르다. 각오만 야무지게 한다면 얼마든지 효율을 높일 수 있다.

절박하지 않으면 의욕이 샘솟지 않는 것이 인지상정이다. 따라서 촉박한 마감시한을 스스로에게 부과하면서 긴장감 넘치는 상황을 조성하면 업무처리 속도는 자연스레 빨라

## 마감 발상

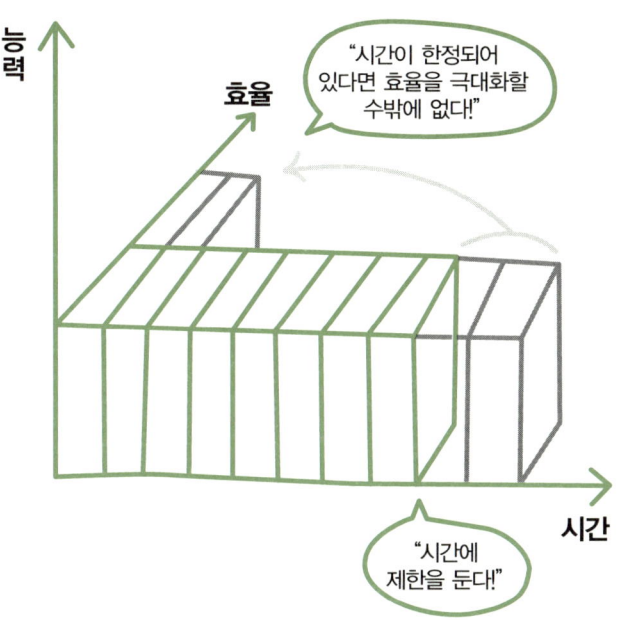

직장인의 업무능력은 '능력×시간×효율'이 결정한다. 능력과 시간을 비약적으로 향상시키기는 힘들지만, 시간에 제한을 둠으로써 효율을 극대화할 수 있다.

진다.

또한 마감에 쫓기면 스피드를 올리는 동시에 시동을 빨리 걸게 된다. 즉 우선순위 따위를 생각할 여유도 없이 본격적인 업무로 돌진하는 것이다.

우선순위를 고민하기보다 업무처리 속도를 높여서 1시간에 끝내던 일을 30분 만에 뚝딱 해치우는 쪽이 훨씬 효율적이면서도 이익이라고 생각하지 않는가?

## 마감시한을 정할 때는 회사 차원에서 바라보라

마감시한을 정할 때, 관리자가 특히 주의해야 할 사항이 있다.

부하직원의 표정을 살피면서 '이 정도면 가능하겠지' 하며 배려하지 않는 일이다. 마감시간을 결정짓는 요소는 직원의 표정이 아니라 **회사 차원에서 해야 할 일, 옳은 일을 가장 우선시해야 한다**는 점이다.

사장에 취임한 지 얼마 되지 않았을 때, 나는 경리부에 '매월 1일 아침 8시에 지난달 손익계산서를 보여달라'고 주문했다. 여기에 부서별, 점포별, 영업 담당자별로 결과를 정리할 것과 가(假)계상은 절대 인정하지 않겠다는 조건을 달았다. 경리부에서는 곧바로 "그것은 불가능합니다." 하며 반발해 왔다. 31일에 어떤 상품이 물류창고에서 도착하면, 그 트럭 대금까지 정확하게 실제비용으로 계상해서 다음 날 아침 8시까지 준비해야만 했으니 경리부에서 야단이 날 만도 했다. 솔직히 말하자면 업무를 지시한 뒤 나 자신도 '과연 이 업무를 처리할 수 있을까?' 하며 고개를 갸우뚱했을 정도니까.

하지만 지난달 손익계산서를 다음 달 15일에도 볼 수 없는 상황과 1일 아침에 점검하는 상황은 전략상 판단의 정밀도에서 엄청난 차이가 있다. 회사를 생각한다면 1일 아침에 만반의 준비를 갖추는 것이 옳은 일이고 마땅한 일이다. 그리고 회사 차원에서 옳고 맞는 일이라면 이는 반드시 해야만 하는 것이다.

세상 모든 일이 그러하듯이, 하지 못하는 이유를 찾으려면 아주 쉽게 찾을 수 있다. 그렇다고 아무 시도도 하지 않고 포기부터 해버리면 해야 할 일, 마땅한 일은 영원히 실현 불가능하다.

누구나 할 수 있는 일을 처리하는 것이 업무가 아니다. 회사 차원에서 해야 할 일, 옳은 일을 해내는 것이 진짜 업무다.

마감시간을 정하는 일도 마찬가지다. '이 정도 분량이면 언제까지 가능하겠다'는 업무자 차원이 아니라, '이 업무를 언제까지 달성해야 한다'는 회사 차원에서 마감시간을 정해야 한다. 특히 경영자나 관리자는 이 진실을 한시라도 잊어서는 안 된다.

그리고 아무리 목표 달성이 어려워도 일단 마감시한을 정한 시점부터는 포기하지 않고 끝까지 최선을 다한다. 할 수 없다고, 어렵고 힘들다고 처음부터 아무것도 하지 않으면 현실은 바뀌지 않는다.

하지만 **끊임없이 움직이면 반드시 앞으로 나아간다**. 설령 실패하더라도 그 과정에서 많은 것을 배울 수 있고, 거기서부터 다시 새로운 마감시간을 향해 달리면 된다. 끝까지 포기하지 않으면 가능성은 절대 사라지지 않는다.

나는 이런 진실을 직원들에게 전하려고 'Yes, We Can!'이라는 스티커를 만들어서 급여명세서 봉투에 함께 넣은 적도 있다.

매월 1일 아침 8시에 지난달 손익계산서를 준비하라는 내 무리한 지시는 유능한 직원들이 앞장서서 말끔히 처리해주었다. 포기하지 않으면 실현할 수 있다는 진실을 증명해 보여준 셈이다.

이후 '하루 업무를 야근 없이 처리할 것'이라는 목표가 달성된 시점에는 '하루 단위로 손익계산서를 준비하라'는 단계까지 난이도를 점점 높여갔다. 그리고 사장의 무모한 마감 요구를 직원들은 훌륭하게 실천에 옮겼다.

## 확실하게 목표를 이루는 마감관리 상자

이 마감 사고법이 실은 나의 독창적인 발상이 아니다. 처음으로 마감 사고법을 만난 것은 20대 후반, 외국계 기업에 근무했을 때였다.

처음 입사했을 때, 사무실 한쪽 구석에서 1월부터 12월까지, 1일부터 31일까지 쓴 라벨을 붙인 커다란 상자가 눈에 띄었다. 처리해야 할 업무를 날짜별로 분류한 상자였다.

이 상자의 사용법은 아주 간단하다. 업무가 떨어지면, 마감시한에서 역산해서 언제까지 어떤 일을 처리하겠다는 계획을 미리 세운다. 그리고 관련 메모와 서류를 해당되는 달에 보관해 두는 것이다. 마감 달이 다가오면 31일로 분류해 놓은 상자로 가서 이번에는 며칠까지 어떤 일을 마무리짓겠다는 세부계획을 세운 뒤, 이를 상자에 분류한다. 아침에 출근하면 상자를 열고 그날 해야 할 일을 확인하고 이를 마무리짓기만 하면 마감일까지 확실하게 일을 끝낼 수 있다.

다만 이 방식이 성공을 거두려면, 그닐 힐 일은 그날 반드시 마무리지어야 한다. 하루라도 마감을 사수하지 못하면, 업무가 산더미처럼 불어난다. 요컨대 하루하루의 업무에도 마감시한이 정해져서 목표 달성을 위해 맹렬하게 달려가는 것이다.

실제 이 상자를 이용하면서 '오늘은 컨디션이 좋아서 그런대로 달렸네' 혹은 '대충 정리되는 대로 퇴근하지 뭐' 하는 식의 적당주의는 설 자리는 잃었고, 업무를 효율적으로 처리할 수 있다. 이후 모든 업무에는 반드시 마감시간을 정

## 마감관리 상자 활용법

해당 마감 날짜에 맞추어 상자 안으로

- 상자 하나를 1년분으로 나눈다.
  (3개월까지는 1~31일, 4개월 이후부터는 매달로)
- 관련 서류를 클리어파일에 넣어서 해당 마감 날짜 라벨에 끼워둔다.
- 오늘 날짜에 맞는 파일을 꺼내서 순서대로 마무리 짓는다.

내일 마감할 서류

### '아침회의'의 마감 관리
회의가 끝나면 서류 파일을 세 가지로 구분한다.

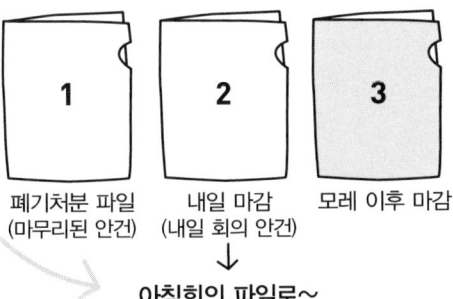

| 1 | 2 | 3 |
|---|---|---|
| 폐기처분 파일 (마무리된 안건) | 내일 마감 (내일 회의 안건) | 모레 이후 마감 |

↓
아침회의 파일로~

했고, 이것이 기준이 되어 나만의 업무 스타일을 만들어갈 수 있었다.

2장에서 소개할 '아침회의'에서는 매회 50건이 넘는 안건을 다루었는데, 이때 회의에 필요한 서류 정리도 마감을 기준으로 분류했다. 좀 더 구체적으로 소개한다면, 아침회의용 파일에 들어 있는 서류는 무조건 위에서부터 차례로 논의해 나가고, 논의가 끝난 서류는 세 가지로 구분한다. 안건이 완전히 마무리된 서류는 버리고, 내일 회의에서 다시 검토할 사안은 그대로 파일에 넣어두고, 내일 이후 마감이 정해진 사안만 마감관리 상자에 넣어서 정리하는 방법이다.

요컨대 **서류 등의 파일링도 업무 안건별로 분류하는 것이 아니라, 마감 날짜를 기준으로 정리하는 쪽이 훨씬 효과적**이라는 사실을 잊지 말자.

## 2장

## 일의 스피드를 높이는

## 회의의 기술

"모든 것은 시간이 아니라  집중에 달렸다"

## 야근 대신 회의를 선택하다

 화합을 중시하는 기업 풍토 때문인지, 조직에서 회의가 차지하는 비중은 아주 크다.
 그런데 언젠가부터 회의가 비효율의 상징으로 꼽히면서 최근에는 어느 기업이나 회의를 눈엣가시로 홀대하는 것 같다. 심지어는 회의시간을 줄이기 위해 회의실에 의자를 없애고 서서 회의를 하는 회사까지 등장했고 한다.
 정말 회사 입장에서 보면 회의는 필요악일까?
 나는 단연코 '아니다'라고 힘주어 말하고 싶다. 회사조직을 건전하게 운영하기 위해 회의는 예나 지금이나 아주 중요하다. 만약 회의가 도움이 되지 않는다면 그것은 회의를 하는 방식에 문제가 있는 것이지 회의 자체에 문제가 있는 것은 아니다.

나는 사장 재임 시절, 날마다 아침 8시 30분부터 '**아침회의**'를 진행했다. 1시간 남짓 되는 아침회의에서는 40여 건의 안건을 처리하는데, 한 가지 안건 처리시간은 2분 정도로 아침부터 바쁘게 달렸다. 당시 초스피드 회의가 화제가 되어서 매스컴은 열띤 취재 경쟁을 벌였고, 회의를 견학하는 사람까지 생겼다. 아침회의는 이른 시간대와 빠른 처리속도가 주목을 끌었지만, 나는 야근을 없애기 위한 연결고리 가운데 하나로도 그것을 활용했다.

지금쯤 '회의와 야근, 그게 뭔 관련이 있는데?' 하며 고개를 갸우뚱하는 독자도 있을지 모르겠다.

본론에 들어가기 앞서 우선 회의의 목적을 한번 정리해 보자.

간단히 말하면, **기업의 문제를 겉으로 드러내서 그 해결책을 찾아 실행하는 데 회의의 목적이 있다.**

따라서 '그냥 모여서, 회의실에서 처음으로 안건을 접한 뒤, 막연하게 자신이 알고 있는 지식이나 정보에 바탕을 둔

의견을 주저리주저리 늘어놓다가, 마지막에 다수결로 결정하는' 방식은 결코 회의가 아니다.

내가 이렇게 주장하면 "그럼 회의 따위 하지 말고 최종 결정사항만 메일로 전달하면 되잖아요. 그쪽이 훨씬 효율적이지 않나요?"라고 반론하는 사람도 있다. 하지만 이것도 정답이 아니다. 회의는 **정보의 공유**라는 아주 중요한 역할을 하기 때문이다.

단순히 '결론은 A다'라고 전달만 한다면 이는 정보 공유가 아니다. '이 문제와 관련해 A, B, C, D, E의 해결책이 제시되었고, 논의를 거쳐 A라는 결론에 도달했다'는 **결론에 이르기까지의 과정을 같은 장소에서 공유**함으로써 자신도 그 결정에 참여했다는 공감대가 형성된다. 이처럼 정보 공유의 선결 과제는 과정의 공유인 것이다.

이는 사무실에서 누구나 경험하는 일이다. '이렇게 해라'하는 상사의 일방적인 지시를 받는 순간, 의욕이 솟구치면서 바로 행동에 옮기는 직원이 과연 몇이나 될까? 직장 상사의 명령이고 회사 일이니까 일하는 시늉은 낼 테지만 '정말 이것이 정답인가?' 하며 의구심과 불안감에 휩싸여 업무에 몰입하기 어렵다.

또한 '어차피 내가 결정한 사항도 아니잖아!' 하고 책임감을 느끼지 못하는 경우, 자신의 모든 것을 걸고 끝까지 최선을 다하겠다는 의욕이 생기지 않는다.

하지만 '왜 이 업무를 오늘까지 마무리지어야 하는가?'라는 경위를 처음부터 이해하고 '그 결정에 나도 동참했다'는 공감대가 형성되면 곧바로 행동을 개시할 수 있다. 단순히 결정사항만 지시받았을 때와는 업무에 시동을 거는 속도가 천지차이다.

한편 논의사항이 정리되지 않거나, 결정사항을 놓고 나중에 불만이 터져나오는 이유는 정보가 제대로 공유되지 못했기 때문이나. 반내로 회의를 통해 침가자 전원이 공통의 정보를 똑같이 나눈다면 결론은 저절로 일치하게 마련이다.

'이렇게 하자!'고 정해지면 전 직원이 같은 방향을 향해 하나가 되어 전력투구한다. 기업의 흥망성쇠는 이런 응집력에 달려 있다. 그리고 직원들의 힘을 하나로 모으는 최고의 도구가 바로 회의인 것이다.

# 분위기를 살피는 순간 '최선'과는 작별이다

전 직원이 정보를 공유하면, 즉 누구나 문제를 똑같이 파악하고 있으면 모범답안을 찾는 일은 그다지 어렵지 않다. 왜냐하면 1+1은 누가 계산해도 2라는 답이 나오듯이, 전 직원이 공식에 동일한 매개변수를 대입하면 대체로 조직의 답이 일치하기 때문이다.

그런데 현실에서는 전제조건을 공유하는 상황에서도 결론이 일치하지 않거나 회사에 도움이 되지 않는 해결책에 직원들이 동조하는 돌발상황이 빈번하게 발생한다. 이는 사실을 토대로 데이터를 논리적으로 분석하고 차근차근 해결해 나가는 로지컬 싱킹logical thinking(논리적 사고)이 부족하다는 증거다. 로지컬 싱킹이 갖추어져 있지 않으면 좋고 싫음의 감정이나 분위기에 휩쓸려 판단을 그르치기 십상이다.

실제로 '왠지 A보다 B에 더 끌린다'거나 '전체 분위기가 C니까 나도 C에 찬성했다' 식의 회의가 무슨 의미가 있겠는

가. 감성에 치우친 회의에서는 최고의 모범답안을 도출해 내지 못한다.

'KY는 분위기 파악을 못해!' 하며 종종 타박을 하는 사람들이 있다. 하지만 회사의 사활을 거는 중요한 결정을 내려야 할 때, 번번이 직원들의 눈치를 살피며 사내 분위기에 전전긍긍한다면 일을 추진하기 어렵다.(덧붙이자면 내 이름의 이니셜이 KY다.)

어떤 문제라도 '이것이 최선이다'라는 답안은 반드시 존재한다. 최고의 답안을 찾기 위해서 회의를 진행한다. 그리고 정답은 충분한 정보와 논리적 사고에서만 끌어낼 수 있다!

## 회의는 논리적 사고를 연마하는 최고의 수련장이다

논리적 사고를 위한 토대가 전혀 마련되지 않은 사람에게 어느 날 갑자기 논리적으로 생각하라고 요구해 봤자 소용이 없다.

서양에서는 어릴 때부터 로지컬 싱킹 훈련을 철저하게 받는다. 아내의 고향인 프랑스에는 바칼로레아 baccalauréat라는 대학입학 자격시험이 있는데 세계 최고의 논술고사로 유명하다. "대화를 통해 진리를 얻을 수 있을까?" "왜 동물은 언어를 구사할 수 없을까?" 같은 질문에 2시간에서 3시간에 걸쳐 답하는 식이다. '이렇게 황당한 문제에 도대체 정답이 있을까?' 하며 고개를 갸우뚱할 사람이 많겠지만, 시험을 치른 아들 얘기로는 논리적으로 사고하다 보면 반드시 나름의 정답에 도달할 수 있다고 한다. 즉, 로지컬 싱킹이 불가능한 사람은 대학생이 될 수 없다는 뜻이다.

그런데 암기 위주로 주입식 교육을 하는 우리 교육현장에서 논리적 사고를 훈련하기란 대단히 어렵다. 주위를 둘러보면 일류대학을 훌륭한 성적으로 졸업해도 논리정연하면서도 일관성 있는 사고를 갖춘 인재는 보기 어렵다. 이런 '헛'인재는 사회에 나와서야 로지컬 싱킹 훈련을 해야 한다.

지금 돌이켜보면, 아침회의는 직원들이 논리적인 사고력을 연마할 수 있는 절호의 수련장이었다.

보통 아침 회의에서는 40개에서 50개의 안건을 논의하는데, 각 안건별로 담당자가 있어서 각 담당자는 내 집요한 질문에 명쾌하게 대답해야 한다. 이때 나는 감정이나 선입견에 사로잡힌 설명을 절대 용납하지 않는다.

왜 그렇게 되는지, 그 이유를 모든 사실과 정보를 수집해 논리적으로 증명해야 나를 설득할 수 있다. 그러니 회의실에는 피를 말리는 긴장감이 감돈다. 결과적으로 논리를 갈고닦는 회의에 익숙해지면 저절로 로지컬 싱킹이 되지 않을까?

물론 어느 회사나 논리 회의를 실천에 옮길 수 있다. 회의 시간에 인정이나 감정에 치우친 판단을 지양하면 된다. 팀장이든 임원이든 지위 고하를 막론하고 감정에 치우친 발언을 하면 철저하게 책임을 묻는다. 이 규칙을 어기면 아무리 사장이라 해도 처벌을 받는다는 각오로 회의에 임하면 반드시 효과가 나온다.

## 모든 안건은
## 2분 안에 결론을 내라

"아침회의에서 안건 한 가지를 마무리짓는 시간은 2분입니다."

　강연회에서 이런 이야기를 하면, 청중은 '거짓말, 말도 안 돼!' 하는 표정을 짓는다. 내가 사장직에 있을 때, 우리 회사 아침회의를 참관하러 온 이들이 수백 명에 달했다. 하지만 대부분의 참관자들이 '우리 회사는 불가능해!' 하며 풀이 죽어 돌아갔다.

　그도 그럴 것이 안건 하나를 처리하는 데 몇 시간이 걸렸던 조직과 사람들이 어느 날 갑자기 2분 만에 결론을 낸다는 것은 당연히 불가능하다. 2분 안에 끝나기 위해서는 회의 스타일도 회의에 임하는 참가자의 자세도 확 바꾸어야 한다.

　나는 천재가 아니다. 그러므로 '타고난 감'으로 경영에 중대한 판단을 내리지 못한다. 2분이라는 짧은 시간에, 더욱이 회사의 발전을 좌우하는 최선의 결론을 내리기 위해서는 회의 준비를 철저히 해야 한다.

　우선 안건별로 담당자를 정해서 시안을 완벽하게 준비하도록 지시한다. 이는 파워포인트로 훌륭한 프레젠테이션 자료를 만들라는 뜻이 아니다. 사내용 회의에서 회의 자료를 요란하게 치장하는 일만큼 바보 같은 짓도 없다. 겉보기에

공을 들일 시간에 업무 하나라도 마무리짓는 게 백배 낫다. 사내용 자료는 의미만 명확하게 파악할 수 있다면 그걸로 충분하다.

내가 말하는 완벽한 시안이란, 현재 진행상황은 어떠한가, 문제는 무엇인가, 이 문제에 어떻게 대처해야 하는가, 또 문제 해결에 시간과 비용은 얼마나 소요되는가 등의 제반 문제를 담당자가 회의에 앞서 정리한 다음 해결책을 제시하는, 문제 인식에서부터 문제 해결까지의 완벽한 계획 추진안을 말한다.

'에이, 그게 무슨 비법이냐!' 하고 실망할지도 모르지만, 진히 준비되지 않은 상태에서 막연하게 회의만 소집하는 회사가 의외로 굉장히 많다.

회의는 발표회가 아니다. 그렇다고 이미 알고 있는 사항을 다시 한 번 확인하기 위해 모이는 것도 물론 아니다. 완벽한 시안만 있으면 회의 참석자 전원이 필요한 정보를 공유하고 바로 논의에 들어갈 수 있다. 좀 더 본질에 가까운 출발점에서 시작할 수 있는 것이다.

결론은 안건 담당자가 완벽하게 준비한다. 이 **결론이 바람직한가를 판단하는 시간이** 바로 회의시간이다. 그러니 2분 안에 최종 판단을 내리는 것도 전혀 무리가 아니다.

여기에서 한 가지 짚고 넘어가야 할 과제가 있다.

담당자가 준비한 시안이 완벽하지 못할 때는 어떻게 대처해야 할까? 가령 정보가 충분하지 않거나, 담당자가 질문에 명쾌한 답을 내놓지 못한다면 회의 준비가 미비한 상태이므로 이런 경우에는 회의를 끌어봤자 의미가 없다. 이때는 부족한 부분을 지적하고 '누가 무엇을 언제까지' 준비해야 한다는 책임 소재를 명확히 한 다음 담당자에게 안건을 다시 돌려보낸다. 물론 이 결정도 2분이면 충분하다. 담당자는 지적 사항을 수정해서 다음 회의에서 다시 보고해야 한다.

재고할 안건의 경우, 나는 '가능한 빨리!', '모두가 이해할 때까지' 식으로 지시하지 않는다. 원칙은 내일까지! 요컨대 다음 날 아침회의 시간까지 주어진 숙제를 정리해야만 한다. 그러니 지적받은 직원은 오늘 해야 할 업무가 배로 늘어나는 셈이다.

게다가 나는 야근을 허용하지 않으니까 근무시간 내에 일상업무와 다음 날 회의 준비를 동시에 진행해야 한다. 이것이 엄청난 스트레스와 짐이 된다는 것은 두말할 필요도 없다. 사태가 이러하다 보니, 모든 직원들은 시안을 완벽하게 준비해 회의에 들어갈 수밖에 없는 것이다.

## 가장 빠른 길은
## 멈춰 서지 않는 길이다

"오늘 회의에서 비중 있는 안건은 없었던 것 같군요."

아침회의를 참관한 사람들 가운데 한 사람이 불만에 찬 목소리로 말했다. 그런데 실제 그날 회의에서는 앞으로 프랜차이즈 사업 전개를 시범적으로 실시한다는, 기업전략에서 굉장히 중요한 안건을 결정했다. 내가 그 이야기를 하자, 그 사람은 "정말입니까? 그런 안건이 있었나요?" 하며 눈이 휘둥그레졌다.

그렇다면 그 참관자는 이른 아침이라서 깜박 졸다가 듣지 못한 것일까? 아니다. 그 사람은 듣고도 이해하지 못했다.

'프랜차이즈 사업을 시작할 것인가?'와 같이 중요한 사안의 경우, 대개 장시간 갑론을박 토론을 펼치게 마련이다. 그렇게 회의가 진행된다면 누가 보더라도 중요한 사항이 논의되고 있음을 바로 알 수 있다.

하지만 내 방식은 조금 다르다. 중요한 문제를 통째로 꺼내놓고 한꺼번에 해결하려면 엄청난 시간과 노력이 필요하다. 대부분의 경우 갖가지 의견이 난무할 것이며, 그 동안에 결론은커녕 의욕만 상실하기 십상이다. 따라서 회의는 아무짝에도 쓸모없다, 전혀 도움이 되지 않는다는 '회의 무용론'이 제기되는 것이다.

**나는 회의에서도 '잘게 쪼개는' 발상**을 주로 이용한다.

회의에서 다루어야 할 문제가 커진다 싶으면, 먼저 그 문제를 2분 안에 처리할 수 있는 크기로 나눈다. 문제가 크고 심각할수록 다양한 요인과 여러 문제가 퍼즐처럼 서로 얽혀 있는 경우가 대부분이기 때문에 가장 먼저 그 퍼즐을 풀어서 문제 해결의 토대를 마련하는 것이다. 이처럼 크고 복잡한 문제를 작은 조각으로 쪼갠 다음, 작은 문제를 하나씩 처리해 나간다.

요컨대, 단번에 KO승을 받아내려고 요리조리 눈치만 살피기보다는 확실한 펀치로 상대의 숨통을 조여가는 쪽이 승리할 확률이 높지 않을까?

분명 실타래가 얽힌 복잡한 문제의 원인을 뿌리째 뽑는

작업에는 엄청난 끈기와 시간이 필요하다. '관련 사항을 체계화해서', '한데 모아서 한꺼번에 마무리짓는' 방법이 최선책이라고 믿는 직장인들에게는 내 방식이 씨도 안 먹힐지도 모르겠다. 하지만 나는 복잡한 업무를 단번에 해결하려는 방법이 업무속도를 떨어뜨리는 주범이라고 생각한다.

한번 생각해 보자.

A 업무를 처리할 때, 잘만 하면 C 업무도 같이 끝낼 수 있을 것 같아서 A와 C를 동시에 진행했다고 치자. 결국 양쪽 모두 마무리짓지 못하고 우왕좌왕하는 동안에 A 다음에 해야 할 B 업무에도 나쁜 영향을 끼친 경험은 없는가?

목적지까지 가장 빨리 도착하는 방법은 멈춰 서지 않는 것이다. A, B, C의 조합 순서를 생각할 여유가 있다면, 처음 손에 잡은 A부터 순서대로 차근차근 정리한다. 이 방법이 훨씬 빠르고 확실하다.

마찬가지로 크고 복잡한 문제를 앞에 두고 접근방법을 미주알고주알 논의해 봤자 아무런 의미가 없다. 2분 안에 결정할 수 있는 크기로 문제를 잘게 쪼개서 하나씩 확실하게 해결해 나간다. 다만 이 방법은 평범한 작업의 연속이라서 직원의 사기를 떨어뜨릴 수도 있다. 이를 막기 위해서는 리더가 반드시 문제를 해결할 수 있다는 확고한 신념을 갖고 직원들을 끊임없이 고무시킬 것. 그리고 전 직원이 정보를 투명하게 공유할 것, 이 두 가지가 꼭 필요하다.

## 소통의 부재, 아침회의에서 해소하다

직원들 간의 소통 부재를 어떻게 해소할 것인가?

내가 아침회의를 시작한 직접적인 계기는 바로 이 문제의 답을 찾기 위해서였다. 비효율적인 조직일수록 사내 커뮤니케이션이 제대로 이루어지지 않는다. 부서간, 심지어 부서 내에서도 벽이 높지만 아무도 이를 이상하게 여기지 않는다. 내가 사장으로 취임했을 무렵 회사는 소통 부재의 악순환에 빠져 있었다.

커뮤니케이션이 제대로 이루어지지 않으면 부서간의 긴밀한 협조 없이, 제각각 자신들의 형편에 맞게 움직인다. 그 결과 사업 기회가 눈앞에 있어도 움직이지 않고, 책임소재는 애매해지고, 각자 편의에 따라 경비만 불어나는 악순환에 빠지는 것이다. 또한 소통이 되지 않는 상대와는 부드러운 인간관계를 기대하기 힘들기 때문에 조직의 분위기는 딱딱해질 수밖에 없다.

그렇다면 커뮤니케이션을 원활히 하기 위해 어떤 처방전이 필요할까?

방법은 그리 멀리 있지 않다. 회사에서 직원들끼리 얼굴을 마주 보고 서로 이야기를 나눌 장소와 기회를 만들어주면 된다. 그래서 나는 아침회의를 시작했다.

한번은 다나카 야스오田中康夫 전 나가노 현 지사(1956~, 일본의 정치가이자 작가)가 아침회의를 참관한 적이 있다. 야스오 전 지사는 그 뒤에 "서열조직에서 타 부서와 커뮤니케이션이 부족한 직원들을 하나로 모으는 데 골머리를 앓았는데, 아침회의가 많은 참고가 되었다."고 했다.

얼마 뒤 야스오 전 지사의 지시가 있었는지는 잘 모르지만, 이후 나가노 현청 직원 50여 명이 아침회의 견학을 왔고, 뒷날 업무에 근본적인 도움이 되었다는 이야기를 전해주었다.

마찬가지로 여러분들도 이 책을 읽고 회의의 효과를 실감

한다면 내게 그보다 더한 기쁨도 없을 것이다.

## 회의는 업무력을 향상시키는 '결전장'이다

2장 첫머리에 기업의 문제를 겉으로 드러내서 그 해결책을 발견, 실천에 옮기는 것이 회의의 목적이라고 소개했다.

어떤 조직이나 문제 없는 조직은 없다. 일을 하다 보면 문제는 산더미처럼 쌓이고 해결해도 해결해도 파도처럼 밀려드는 것이 당연하다. 따라서 문제는 가장 **빠른** 시간 안에 해결해야 한다. 특히 회의에서는 자율적이면서도 효율적으로 안건을 처리하는 시스템이 필요하다.

2분 안에 결정하는 '속전속결', 이를 가능하게 이끌어주는 '완벽한 시안'과 '문제의 세분화', 이는 모두 업무 효율화를 위한 하나의 시스템이다.

한편 회의의 효과를 논할 때 빠지지 않는 요소가 '**회의가 마감시한을 결정하는 장**'으로 쓰인다는 사실이다.

아침회의에서는 안건 40개에서 50개를 초스피드로 처리한다. 또한 그 처리과정에서 수많은 '왜'가 새롭게 등장하므로 이 문제까지 원 안건으로 마감시한과 함께 잇달아 결정해야 한다. 또 결론에 도달한 과제는 신속하게 행동으로 옮겨지는데, 여기에도 어김없이 마감시한이 부과된다. 상황이 이렇다 보니, 회의를 구경해 보면 마치 마감시한을 정하기 위해 회의를 여는 것처럼 보인다.

아무럼 어떤가, 마감시한이 있으니까 각자 해야 할 업무가 명확해지고, 긴장감과 집중력이 높아지며, 업무의 효율이 쑥쑥 올라가는데!

물론 혼자서 몇 가지 업무를 끌어안고, 하나의 업무를 마감하면 바로 다음 업무를 해야 하는 초강도 업무 환경일 테니 직원의 부담도 만만치 않을 것이다. 하지만 긴장감 넘치는 상황은 속도를 올려주고 용량을 넓혀준다. 즉 일 잘하는 인재로 거듭나는 것이다. 이런 인재가 넘치면 조직의 업무 효율도 덩달아 올라가지 않을까?

'어떻게 하면 팀원의 의욕을 고취하고 비효율적인 업무를 없애 조직의 낭비를 줄일 것인가'라는 문제를 놓고 고민할 시간이 있다면, 회의를 통해 각자에게 마감시한을 부과하라고 나는 적극 추천한다.

하지만 마감만 추궁하다 보면 장시간 노동이 만성이 될 우려가 있다. 이는 직원 입장에서도 회사 입장에서도 바람직한 현상이 아니다. 특히 '워크-라이프 밸런스' 측면에서도 피해야 할 사태다.

그래서 마감시한을 엄격하게 정하면서 동시에 야근을 일절 금지하는 '야근제로' 문화를 제안한다. 야근하지 않아도 5배 빨리 바쁘게 움직이면 근무시간 안에 충분히 일을 끝낼 수 있다. 결과물도 5배로 늘어나는 셈이다.

이는 절대 그림의 떡이 아니다. 내가 사장으로 근무하던 14년 동안 '야근제로' 문화를 정착시킨 결과, 노동시간은 현저히 줄였지만 매출은 5배나 늘어난 것을 직접 경험했기 때문이다. 그것도 본사 근무 직원 수가 상당히 줄어든 상태에서 말이다.

요즘 직장인들이 일하는 모습을 보면, 지금보다 업무 효율을 높이는 일은 그리 어려운 작업이 아닐 듯하다.

## 회의는 길게, 자주 하라

최근 기업의 풍토는 회의는 가능한 짧게, 횟수는 적게 하는 것이다. 하지만 나는 감히 이렇게 말하고 싶다.

**회의는 길게, 자주 하라!**

어디선가 불만과 짜증, 비난의 기운이 서린 목소리들이 들려오는 것 같다. 하지만 조금만 더 들어주기 바란다. 회의를 제대로 활용하면 그만큼 많은 문제점을 발견할 수 있다. 발견한 문제를 마감시한을 정해서 하나씩 해결하다 보면, 회의는 길어질 것이고, 그 시간만큼 기업의 실적이 올라갈 것이기 때문이다.

하지만 회의가 아무리 좋다고 해도 날마다 아침부터 회의실에만 있을 수는 없는 노릇이고, 업무를 처리하는 데도 지장이 있다고 볼멘소리를 할지도 모르겠다. 그래도 문제가 어디에 있는지 알고 싶다면 회의를 게을리 하거나 두려워해서는 절대 안 된다.

사장직을 맡으면서부터 나는 회사에서 열리는 모든 회의

에 참석했다. 그러자 어디에 어떤 문제가 있는지, 어떤 문제와 어떤 문제가 서로 연결되어 있는지 조금씩 보이기 시작했다. 문제의 실상을 파악함에 따라 참석해야 할 회의 수도 자연스럽게 정리되었다.

회의의 중요성을 이해하고 회의를 중시하는 기업일수록 회의는 짧아지고 적어지는 것이 상식이다. 회의의 질이 높아지면 회의와 일상업무의 균형이 적절하게 맞춰지는 것이다.

'회의는 길게, 자주하라!'는 내 말의 의미를 이제 이해하겠는가?

## 조직의 의욕을 살리는 회의의 기술

아침회의를 참관한 기업 가운데, 문제점을 찾아내서 속전속결로 처리하는 회의방식을 도입하려는 조직이 꽤 있었다. 이중에는 훌륭하게 자리잡은 기업도 있지만, 안타깝게도 도중에 포기하는 기업이 훨씬 많았다.

　실제 좋은 결과를 내지 못한 기업 관계자의 이야기를 들어보면, 처음부터 어깨에 너무 힘이 들어가지 않았나 하는 아쉬움이 남는다. '내일부터는 회의시간에 조직의 문제점을 찾아내서 해결할 테니 안건을 찾아오라'고 직원들에게 지시하면, 곧바로 50개, 60개가 넘는 문제가 봇물처럼 쏟아지는 것이 예사다. 그런데 하루아침에 이 많은 과제를 2분 안에 처리하려면 어떻게 될까? 진행자도 익숙하지 않고, 참가자의 의식도 높지 않아서 속도 조절에 실패하기 십상이다. 그러니 50개의 안건 가운데 세 번째 안건에 걸려서 회의시간이 끝나면 나머지 47개의 안건이 다음 날 아침으로 넘어긴다. 그런데 다음 회의에서는 또 다른 건의사항이 쏟아진다. 이렇게 회의를 열 때마다 미결 안건이 쌓이면 직원들은 의욕을 잃게 마련이다.

　한편 마감시한 사수를 강력하게 지시하다 보면, 오히려 직원들의 반발이 굉장히 거세진다. 최악의 시나리오는 회의시간 대부분을 마감시한 사수를 위한 '잔소리'에 할애한 탓에 회의 진행이 매끄럽지 못하고, 모처럼 준비한 안건 담당자가 예정대로 시안을 발표하지 못하는 딱한 경우다. 이쯤

## 회의는 문제 해결의 장

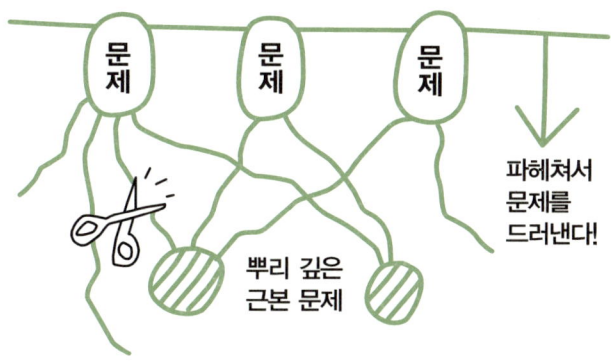

문제의 뿌리는 서로 복잡하게 얽혀 있다. 방치해 두면 영영 손을 쓸 수 없을 테지만, 뿌리 깊은 근본문제와의 연결고리를 끊으면 겉으로 드러난 문제는 쉽게 해결할 수 있다.

되면 아무도 죽기 살기로 마감을 지키려고 매달리지 않을 것이다.

따라서 회의문화가 자리잡기 전까지는 안건을 늘리지 말고 마감시한 설정도 무리하지 않는 쪽이 바람직하다. 반면에 매일 아침 혹은 이틀에 한 번꼴로 회의를 하기로 정했다면 무슨 일이 있어도 일정을 지켜야 한다. **무리하지 않고 지속하는 것이 가장 중요**하다.

이렇게 회의를 꾸준히 하다 보면, 모든 문제의 근원이 무엇인지 실체가 보이기 시작한다. 이후에는 시간과 정성을 다해서 뿌리 깊은 문제와 사투를 벌인다.

다만 어느 기업이나 이 뿌리는 너무 단단하고 넓게 퍼져 있어서 쉽게 근절할 수 없다. 깊고 단단한 뿌리에 지레 겁먹고 백기를 드는 것이 회의를 이어나가지 못하는 가장 큰 이유라고 생각한다. 단적으로 말하자면 회의가 지속되느냐 마느냐는 리더의 각오와 의지에 달려 있다.

여기에서 개별 문제는 여드름과 같다. 여드름의 근본원인이 영양 불균형과 식생활 때문이라는 사실은 누구나 알지만, 실제 식생활을 확 바꾸어도 하루아침에 여드름이 사라지지는 않는다. 따라서 근본원인은 따로 떼내어 생각하고,

먼저 눈에 띄는 여드름에 약을 발라서 치료부터 하자는 것이다.

뿌리만 잘라버리면 겉으로 드러난 문제는 저절로 해결된다. 그러니 힘들어도 절대 도중에 포기하지 마라. 겉으로 드러난 문제가 해결되고 회의의 효과를 모든 직원이 느낀다면, 그 이후에는 각 조직에 적합한 회의 스타일을 만들어나가면 될 테니까.

3장

**타성을 깨는 추진의 기술**

"혁신이 통하는 조직이
　　　　　살아남는다"

## 업무시간의 길이는
## 성과의 질을 보장하지 못한다

며칠 전 즐겨 찾는 피트니스 클럽에서 "어, 야근제로 사장님 오셨네요!" 하며 나를 반갑게 맞이하는 지인이 있었다. '트라이엄프 재팬'을 야근제로 기업으로 만든 뒤부터 어느새 '야근제로'가 나의 별명이 되었다.

하지만 내가 처음부터 야근을 대놓고 부정하거나 거부한 것은 아니다.

물론 젊은 시절 첫 직장이 외국계 기업이었기 때문에 휴가는 1년에 한 달이나 되었고, 해외근무 시절에는 야근이 거의 없는 훌륭한 조건에서 일했던 것이 사실이다.

반면에 일본에서 근무했던 20대 시절에는 일본인 상사 밑에서 날마다 밤 10시가 넘어서 퇴근했다. 야근이 끝나도 집에서 저녁을 차려놓고 나를 애타게 기다리는 집사람에게 전화 한 통도 넣지 못하고 바로 직장 상사를 따라 술집을 전전하기 일쑤였다. 그때는 집사람한테 퇴출당하기 일보 직전이었다.

이처럼 나는 다양한 환경에서 근무하면서 야근은 업무내용이 아니라 조직의 분위기와 밀접한 관련이 있음을 뼈저리게 실감했다.

1983년 직장을 옮겨 트라이엄프에 입사했는데, 첫 근무지인 홍콩에서는 거의 야근이 없었다. 야근제로의 근무형태가 360도로 바뀐 것은 1986년 일본에 마케팅 본부장으로 부임하면서부터이다.

당시 회사의 시스템은 엉성하기 그지없었다. 뭔가 문제가 생겨도 아무도 책임지려 하지 않았고, 부서간 대화를 통해 원인을 규명하려는 시스템이나 의지가 전혀 없었다. 그야말로 회사 전체가 임시변통으로 하루하루를 버티고 있었다.

위기의식을 느낀 나는 모든 부서의 회의에 참석하고, 원활한 커뮤니케이션과 정보 공유를 위해 아침회의를 시작하며, 물류 시스템을 IT로 전환하는 등 회사에 도움이 되는 일이라면 뭐든지 도입했다. 다행히도 회사의 실적은 내가 부임한 해부터 흑자로 돌아섰다.

이렇게 새로운 시스템을 구축하는 동안, 야근을 없애기는커녕 처리해야 할 일이 너무 많아서 나도 날마다 밤늦게까지 야근을 해야만 했다. 사정이 이렇다 보니, 가족들과 함께 보내는 시간이 거의 없었다. 당시 외아들은 열 살, 한창 재롱을 떨 나이였다. 하지만 아이와 놀아주지도 얘기를 나눌 수도 없었다. 지금도 아이에게 미안한 마음이 내 마음 한구석에 남아 있다.

## 모방으로 시작한 혁신: 오리지널에 목숨 걸지 마라!

1992년 사장직에 취임하면서부터 과도한 야근에 시달리다 보니 몸에 이상이 오기 시작했다. 하지만 당시에는 야근이 회사의 문제를 은폐하거나 업무 효율을 저하시킨다는 의식은 별로 없었다. 단순히 건강과 비용 측면에서 야근을 우려하는 수준이었다.

다만 나는 해외에서 근무한 경험이 있어서 일본 기업의 지나친 야근에 위화감을 느껴온 것은 사실이다. 독일과 홍콩에서는 정해진 근무시간 내에 업무를 마무리짓는 것이 상식이었다. 실제로 독일인이나 홍콩인은 야근을 거의 하지 않는다. 그렇다고 그들이 일본인보다 열심히 일하지 않느냐 하면, 절대 그렇지 않다. 정규 근무시간만 놓고 비교한다면, 일본인보다 노동 생산성이 훨씬 높다는 사실을 양쪽 현장에서 근무해 본 사람이라면 누구나 인정할 것이다.

게다가 야근 탓에 가족들과 저녁식사를 함께 하지 못하고, 개인적인 시간도 갖지 못하며, 과로로 쓰러지는 게 예삿일로 통하는 상식을 벗어난 근무방식에 일본인 스스로도 회의를 느끼고 있다고 생각했다.

이렇듯 문제를 인식하고 당장 야근이 넘치는 현실을 바꾸고 싶었지만 뾰족한 대안이 떠오르지 않아서 머릿속만 복잡해 있던 어느 날이었다.

"A사에서 '야근 금지령'을 내렸다고? 바로 이거야!"

어떤 업체가 '야근제로'를 단행한다는 신문기사를 읽는

순간, 나는 쾌재를 불렀다.

내세울 만한 이야기는 못 되지만, 나는 특허품만 아니라면 다른 회사의 사례를 모방하는 일에 전혀 거부감이 없다. 자신이 몸담고 있는 조직에 도움이 된다면 무엇이든 적극적으로 도입하는 것은 당연하다고 생각한다.

**철저하게 모방하라**'는 발상은 지금까지도 내 업무 신조 가운데 하나로 가슴에 새기고 있다.

기왕 모방 얘기가 나온 김에 내가 진심으로 모방하고 싶은 도코 도시오<sup>土光敏夫</sup> 씨의 어록을 다음 면에 소개한다. 정말 훔치고 싶을 정도로 감명받은 명언이다.

## 오래 일하는 것이 아니라
## 비효율 척결이 진검 승부처다

야근을 당연시하는 조직에서 '야근제로'의 필요성을 절감한 뒤부터는 도입방법을 구체적으로 검토하기 시작했다. 그렇다고 '야근금지데이'가 바로 정착하리라고는 기대하지

## 도코 도시오의 '경영지침'

"사무실에서 일하는 8시간 동안
죽어라 일하는 것은 당연한 일이다.
그러나 퇴근 시간 이후를 어떻게 보내는가에
'당연한 것'이란 존재하지 않는다."

"성공 가능성이 60%만 넘으면 속전속결하라.
결정은 타이밍이 가장 중요하다.
때를 놓치면 돌이킬 수 없는 실패를 초래한다!"

"사람은 신속 정확한 업무에 단련될 때 발전 가능성이
크다. 일은 작은 실수도 엄하게 다스리는
'중과주의'로 진행하라."

"사람은 늘 자신의 부족한 점을 느껴야 한다.
그래야 인재가 자란다."

"여유가 없어서 생각하지 못한다는 것은 큰 착각이다.
바쁘면 바쁠수록 생각하라."

나는 가슴에 꽂히는 말이나 따라하고 싶은 훌륭한 사례를 발견하면 바로바로 받아들인다. 오리지널에 목숨 걸 이유, 그 어디에도 없다.

않았다.

나부터 밤늦게까지 일해야 간신히 하루의 업무량을 끝낼 수 있는 상황이었기 때문에, 야근을 금지하려면 먼저 나 자신의 업무속도부터 올려야 했다. 업무처리 속도를 높이려면 우선 집중력, 업무의 생략화, 효율화의 삼박자가 딱 들어맞아야 한다.

나는 스스로 야근의 폐해를 피부로 느끼므로 업무 효율화에 매진할 수 있지만, 이를 강요당하는 직원들은 부담감을 갖기 십상이다. 사람은 누구나 익숙해진 방식을 고수하고 싶어하며 자신의 스타일이 정당하다고 믿는다. 무리하게 바꾸려고 하면 심한 거부감이 생기는 것은 불을 보듯 뻔한 일이었다.

최악의 시나리오는 야근 금지령을 내리면서 매출이 떨어지고 실적이 곤두박질치는 상황이었다. 하지만 아무리 힘들더라도 회사에 꼭 필요한 일이라면 반드시 추진해야 한다. 나는 '야근제로'가 조직에 꼭 필요하다고 확신했다.

승산이 전혀 없었던 것은 아니다. 앞서도 지적했듯이, 다른 나라와 비교할 때 일본인의 노동 생산성은 확실히 낮은데, 트라이엄프도 예외는 아니었다. 이와 같은 시각으로 사내를 관찰하자 낭비와 비효율이 눈에 쏙쏙 들어왔다. 컴퓨터로 대체하거나 단순업무를 매뉴얼화하면 효율을 충분히 높일 수 있을 법한 업무들이었다.

업무 효율의 극대화라는 측면에서도 '야근금지데이'라는 외부로부터의 압력이 필요했던 것이다.

그 밖에 야근제로에 집착했던 또 한 가지 이유는 **게임에서 정정당당하게 승리하고 싶었기 때문**이다.

다행히도 내가 사장직을 맡으면서 회사의 수익은 날로 증가했다. 전 세계에 걸쳐 있는 그룹 전체에서 보더라도 일본의 시장 점유율은 해마다 증가일로를 걸었다.

한편 1990년대 초반 일본인의 노동시간은 연간 2천 시간이 넘었다. 이는 지금보다 2백 시간이나 더 많은 수치로, 지금도 그렇지만 당시 '일본은 장시간 노동 국가'라는 불명예를 떨치지 못했다. 그러니 일본 기업이 아무리 매출을 올려도 '2천 시간이나 일하는데 매출이 증가하는 건 당연하지 않은가!'라는 비아냥을 피하기 어려웠다. 게다가 체력과 근성만 파는 기업 같아서 씁쓸한 인상을 지울 수 없었다.

그래서 나는 결심했다.

우리도 야근 없이 효율적으로 일할 수 있고, 근무시간에만 일한다는 동일한 규칙 안에서 싸워도 이길 수 있다는 것을 증명해 보이고 싶었다. 같은 조건으로 경쟁해서 이기면 그 누구도 비난하지 못할 테니까.

## 트라이엄프 재팬의 경우: 비명 속에 전원을 끄다

1991년, 드디어 '야근제로 프로젝트'의 막이 올랐다.

갑자기 일주일 내내 야근 금지령을 내리는 것은 무모하다는 생각에 1단계로 금요일에만 '야근금지데이'를 도입했다. 금요일 딱 하루였지만 직원들의 반발은 예상보다 훨씬 끈질겼다.

물론 사전에 직원들에게 야근 철폐의 이유를 충분히 설명했다. 하지만 입사 이후 줄곧 야근이 몸에 밴 직원들에게 어느 날 아침 '야근은 악의 근원이다'라고 아무리 주장해 봤자 바로 수긍할 리는 없다.

무엇보다 '야근제로'의 가장 큰 적은 '야근은 힘들지만 정당하고 옳은 일이다'라고 철썩같이 믿는 직원들의 고정관념이었다. '야근제로는 우리 회사 법이다'라며 소리를 높여도, 직원 입장에서 보면 '우리가 회사를 위해 늦게까지 열심히 일하겠다는데 왜 못하게 하는 거지? 막무가내로 야근 금지령을 내리는 회사가 오히려 이상한 거 아냐?' 하는 생각이 뿌리 깊게 남아 있었기 때문에 적극적으로 따라주지 않았다.

하지만 직원들의 불평 하나하나에 귀 기울이면서 상황에 따라 예외를 인정하면 규칙 엄수가 더 어려워진다. 금요일은 '야근금지데이'로 정했으므로 저녁 6시 30분 정각에 무소선 사무실 전원을 끄기로 했다. '말도 안 돼!' 하는 불평불만이 빗발쳤지만, 포기할 수는 없었다.

나중에는 스위치 하나로 사내 모든 전원을 끄는 시스템을 개발했지만, 처음에는 퇴근시간이 되면 내가 직접 사무실을 돌면서 스위치를 내렸다. 작업 중이라도 예외는 없었다.

그러자 사무실 여기저기에서 비명이 울려퍼졌다. 그 비명은 '갑자기 전원을 꺼서 놀랐잖아요!'라는 단순한 투정이라기보다는 '회사를 위해서 몸 바쳐 충성하겠다는데 왜 방해하는 겁니까?'라는 사뭇 당당한 항의가 깃든 목소리였다.

하지만 나는 아랑곳하지 않고 건물 전체가 캄캄해진 것을 확인한 뒤 퇴근했는데, 내가 퇴근한 것을 확인한 뒤 다시 불을 켜는 스파이식 규칙 위반을 하는 직원들도 심심찮게 등장했다.

그러나 아무리 회사를 위하는 일이라고 생각했더라도 규칙 위반은 절대 용납할 수 없다. 나는 야근까지 하게 된 책임 추궁을 넘어 벌금 등 강도 높은 대책을 잇달아 내놓았다.

야근은 악의 근원이라는 나의 신념을 직원들이 수용하든가, 아니면 야근은 옳은 일이라고 믿는 직원들의 선입견에 내가 백기를 들든가, 밀고 당기는 싸움이 반년 이상 지속되었다.

물론 백기를 들 생각은 추호도 없었다.

## '두 번 다시 어기나 봐라' 할 때까지 밀어붙이다

규칙을 정한 뒤, 당장 그날부터 모두가 기꺼이 따라줄 것이라고 기대해서는 안 된다. 제대로 이행되지 않으니까 강제로 규칙을 정해서 강요하는 것이다. 즉 규칙사항을 자진해서 지키고 싶어하는 사람은 아무도 없다. 따라서 규칙을 정하는 동시에 규칙 엄수를 위한 아이디어도 생각해야 한다.

야근제로를 달성하기 위해 가장 먼저 떠오른 아이디어는 '반성의 시간'이었다. 규칙을 위반한 부서를 대상으로 **'반성의 시간'**을 의무화했던 것이다. 목적은 야근의 원인 규명과 재발방지 대책을 **스스로 생각하게 하는** 장을 마련하기 위함이었다.

지금쯤 '애걔, 고작 반성의 시간이야?' 하며 실망한 독자도 있을지 모르겠다. 하지만 내가 말한 반성의 시간은 '잘못했습니다. 앞으로 잘하겠습니다' 한마디로 끝나는 반성회가 아니다.

규칙을 어겼다고 판명되면, 그 다음 날 부서장, 야근을 한 직원과 관련자, 야근의 원인을 제공한 사람이 한자리에 모여서 서로 논의해야 했고, 그 내용을 의사록 형식으로 나에게 제출하고 승인을 받아야 했다. 기적이 일어나지 않는 한, 반성회의 결과를 한 번에 인정하는 경우는 없었다. 왜냐하면 내가 인정할 마음이 전혀 없었으니까. 어설픈 반성으로 야근을 근절할 수 있다면, 이미 오래전에 야근 풍토가 사라지지 않았을까?

나는 그 의사록을 이 잡듯 구석구석 체크하고, 다음 날 아침회의 시간에 해당 관계자의 잘못을 조목조목 꾸짖었다.

"여기에 이렇게 적혀 있는데, 자네 너무 안일하게 생각하고 있는 거 아닌가?"

"이는 사실과 정반대잖아. 증거를 첨부해!"

"지금 재발 가능성이 충분히 검토되지 않았잖아, 다시 해 와."

이런 식으로 많은 직원들이 보는 앞에서 신랄한 질책을 당하고 '반성의 시간'을 다시 갖는 것이다. 사태가 이쯤 되면 '두 번 다시 야근하지 않을 테다!' 하며 치를 떨지 않을까? 이것이 바로 내가 노리는 상황이다.

한편 야근이 정말 불가피한 경우에는 사전에 신청하면 원칙적으로는 허가하기로 했다. 단, 이 경우에도 야근을 해야만 하는 이유를 당사자들끼리 철저하게 검증해서 누구나가 이해할 만한 재발방지 대책을 마련하려면 반성의 시간은 피할 수 없었다. 어쨌든 야근은 야근이니까. 이때는 나 말고도 모든 직원들의 따가운 시선을 감당해야 했다.

구체적인 예를 든다면, "추석 연휴가 다가와서 그 준비를 위해 야근해야 합니다."라는 신청이 있었다. 나는 그 부서 직원들에게 이렇게 비아냥거렸다. "올해 처음으로 추석이 생겼나 보네. 그런데 작년 추석 때는 쉬었던 것 같은데."

명절 연휴는 해마다 있고 시기도 정해져 있으므로 미리 연간 스케줄을 짜두고 해야 할 업무를 월간, 주간으로 나누어 해놓아야 한다. 그런데도 연휴 직전에 우왕좌왕 헤매고 있다는 것은 분명 계획에 문제가 있다는 뜻이다. 즉 그 부서는 마구잡이로, 그리고 비효율적으로 일하는 게 분명하다. 따라서 '반성의 시간'을 통해 '추석 연휴 이전에 해야 할 일을 체크해 둔다'는 사실을 직원들이 공유하면, 적어도 내년에는 올해와 같은 이유로 야근하는 일은 없을 것이다.

이와 같이 우리는 '반성의 시간'을 활용해 회사 단위, 부서 단위로 매뉴얼화, 스케줄화하는 데 만전을 기했다.

처음에는 야근제로란 실현 불가능하다고 고개를 가로젓는다. 하지만 업무의 효율화를 통해 일이 착착 진행되는 기쁨을 한번이라도 경험하면, 그 다음에는 '비효율적인 낭비를 없애려면 어떻게 해야 할까?' 하며 나름대로 고민하게 된다. 이것도 역시 '반성의 시간'이 주는 효과다.

## 습관을 문화로 만드는 것은
## 연대책임이다

야근금지 규칙을 위반했을 경우, '반성의 시간' 이외에도 벌금을 부과하기로 했다. 반성회와 마찬가지로 사전에 신청해서 허가받은 야근이라도 벌금을 면제해 주지 않았다. 게다가 그 벌금은 야근을 한 당사자가 직접 내는 것이 아니라, 해당 소속 부서가 부담한다. 구체적으로 1인, 1회 야근당 부서 보너스가 2만 엔 줄어든다.

'에이 또 마감을 못 지켰네. 벌금 내고 야근하면 되지 뭐' 하며 안일하게 생각하는 직원이라도 자신의 야근이 동료들에게 피해를 준다면 시간 내에 마무리지으려고 안간힘을 쓴다. 결과적으로 벌금의 연대책임 효과는 막강했다.

너무 심하다고 생각할지 모르나 이처럼 심하게 압박하지 않으면 페널티의 의미가 없지 않을까? 무엇보다 야근을 하고도 부서 내에서 얼굴을 못 들 만큼 자신의 입지가 흔들리지 않는다면, '나는 회사를 위해 야근했다'는 정당화가 좀처럼 뿌리 뽑히지 않는다. 요컨대, 야근은 정당하지 못하다는 죄책감을 스스로 느껴야 한다. 그리고 이런 사실을 깨우쳐주는 시스템을 전사적으로 만들어야 하는 것이다.

마감시한은 촉박하고, 퇴근시간이 되면 사무실 전원이 꺼지고, 야근하면 끔찍한 반성회와 동시에 벌금이 기다리고 있다. 이런 혹독한 일과가 거듭되는 동안, 직원들의 근무태도도 서서히 변모해 갔다. 개인적인 잡담이 눈에 띄게 줄었고, 모든 직원들이 자신의 업무에 몰입했다. 집중하지 않으면 근무시간 안에 일을 끝내지 못하니까 전 직원의 업무처리 속도는 몰라보게 빨라졌다. 또한 단순업무의 매뉴얼화 부재 등 업무처리 속도를 떨어뜨리는 원인이 하나씩 밝혀졌고, 이를 해결함으로써 회사 전체의 효율이 높아졌다.

**야근은 뿌리 뽑을 수 있다.** 야근을 근절하면 노동 생산성은 수직 상승한다. '야근제로'로 숨어 있던 문제를 찾아내 해결할 수 있고, 업무의 효율화를 극대화할 수 있다.

자신감을 얻은 나는 금요일 하루였던 '야근금지데이'를 수요일과 금요일, 이틀로 확대했고, 2003년에는 마침내 일주일 내내 야근제로를 달성할 수 있었다.

업무습관을 업무문화로

# 야근은
# 비효율의 근원이라는 위기감을
# 확실하게 심어준다!

**야근은 조직의 수많은
문제를 은폐한다**

회사를 위해 야근한다, 야근은 불가피하다, 하는 생각을 버려야 한다. 이런 사실을 깨우쳐주는 '시스템'을 만들어라.

3장 | 타성을 깨는 추진의 기술

## 야근을 버리고 '내 시간'을 얻어라

날마다 칼퇴근하면 개인 시간이 그만큼 늘어나는데, '그 많은 시간에 무엇을 해야 하는가?'라는 질문을 종종 듣는다.

이와 관련해서는 젊음의 거리에서 최신 트렌드를 피부로 느껴야 한다는 사람도 있고, 비즈니스 스쿨에 다니거나 업무관련 서적을 추천하는 전문가도 있다.

나는 어느 쪽도 틀린 말은 아니라고 생각한다. 그래도 굳이 고른다면 가족과 함께 시간을 보내거나, 취미활동 등 업무와 관계없이 즐길 거리를 추천하고 싶다.

가장 중요한 것은 **퇴근 이후 3시간을 자신의 인생을 위해서 과감하게 투자해야 한다**는 사실이다. 단기적인 업무를 위한 정보 수집보다 좀 더 긴 안목으로 자신에게 정말 소중한 사람과 미래를 위해 시간을 함께 보내는 것이 가장 바람직하다고 생각한다. 물론 나도 여가시간에 업무 아이디어가 번뜩 떠오른 경험이 있다. 하지만 이는 어디까지나 보너스로 생각해야 하지 않을까?

원칙적으로 업무는 사무실에서 근무시간에 마감해야 한다. 이를 실천하지 못하면 회사와 인생이 뒤죽박죽된다. 회사 일은 자신의 생활을 구성하는 하나의 요소일 따름이다. 젊은 시절부터 일과 생활의 조화를 의식하지 않으면 정년을 맞이했을 때, 할 수 있는 일이 하나도 없다. 그것만큼 슬픈 일이 또 있을까?

'회사 일=인생'이라는 가치관에 나는 찬성할 수 없고, 추천하고 싶지도 않다.

## 지속 가능한 삶을 낳는 마감시간 전략

참고로 내가 사장직에 있을 때 나의 하루 일과를 소개하겠다.

기상은 아침 6시 40분, 아침식사를 하고 7시 30분에 집을 나와 사무실로 향한다. 회사가 집에서 그리 멀지 않아서 7시 50분이면 회사에 도착한다. 그 뒤로 아침회의가 열리는 8시

30분까지 40분 동안 집중해서 회의 안건에 관한 파일을 정독하고 정리한다.

8시 30분부터 9시 30분까지 길어지면 오전 10시까지 회의를 진행하고 끝나면 바로 그날 회의에서 거론된 서류를 정리한다. 이후에는 업무 미팅 등 요일별로 정해진 회의에 참석하는데, 대체로 여기까지 달리면 점심시간이 된다.

점심은 회사 구내식당에서 간단하게 하고 10분 정도 휴식을 하면 오후 업무가 시작된다. 메일 확인과 답신, 서류 작성 등을 오후 2시 30분까지 마친다. 이후 시간에는 정례회의와 내방객을 접대하고 퇴근시간 30분 전, 그러니까 5시 30분 전에는 그날 업무를 마무리하고 회사 문을 나선다. 이렇게 퇴근을 서두르는 이유는 대개 거래처와의 저녁 회식이 잡혀 있기 때문이다. 밤 9시쯤 회식이 끝나면 바로 귀가한다.

아무리 가까운 지인이라도 2차는 가지 않는다. 왜냐하면 나는 8시간 동안 숙면을 취하지 못하면 다음 날 제대로 힘을 쓰지 못하기 때문이다. 당연한 이야기겠지만, 2차까지 참석하다 보면 8시간 수면을 확보하기 어렵다. 9시 30분쯤 집에 도착하면 목욕을 하고, 신문을 읽다가 밤 10시 40분에는 반드시 잠자리에 든다. 그래야 다음 날 아침 가뿐하게 눈을 뜰 수 있다.

업무는 물론이고 회식까지 마감시간을 늘 염두에 두고 그 시간을 역산해서 스케줄을 짜는 것이 포인트이다. 뜻깊은 인생을 위해 꼭 필요한 가족과의 시간, 건강을 위해 필요한 수면시간을 마감 발상으로 미리 확보하는 것이다.

물론 지금 소개한 하루 일과가 완벽한 스케줄은 아닐 것이다. 하지만 '업무가 끝나는 시간이 퇴근시간'이라는 발상으로는 야근을 절대 뿌리 뽑지 못한다는 사실만큼은 기억해두자.

4장

**이기는 조직을 만드는**

**변화의 기술**

"조직, 이해하고
바꾸고 활용하라"

## 작지만 확실한 습관이
## 눈에 보이는 성공을 부른다

　내가 마케팅 본부장으로 일본에 부임한 것이 1986년의 일이다. 이후 1992년부터 2006년 은퇴할 때까지 사장직을 맡았다. 내가 근무했던 20년 동안 회사는 참 많이 변했다.
　우선 사내 시스템을 전면 개혁했다.
　'컴퓨터로 대신할 수 있는 업무를 인간이 할 필요는 없다'는 기치를 내걸고 IT화에 주력한 결과, 대부분의 단순작업이 자동화로 바뀌었다. 예를 들면 의류업계 물류와 관련해 2천 개가 넘는 소프트웨어를 독창적으로 제작했다. 완전 자동화를 위해 이만 한 소프트웨어를 제작한 회사는 그리 많지 않을 것이다. 덕분에 업무처리 속도와 업무의 효율화가 수직 상승했다.

구체적인 사례를 소개한다면, 고객이 오전에 인터넷으로 주문하면 다음 날 아침 제품을 받을 수 있다. 여성용 속옷은 종류와 사이즈가 천차만별이라서 브래지어 하나만도 사이즈와 색상을 헤아리면 50종이 넘는다. 사실 주문에서 납품까지 10일이 걸려도 그리 이상한 일은 아니다. 그런데 다음 날 아침 주문한 상품이 도착하니까 고객도 깜짝 놀란다. "제가 주문한 걸 어떻게 그렇게 빨리 아셨죠?"라는 질문이 쇄도할 정도였다.

인사제도도 바꾸었다

'○○ 씨 부르기 운동', '야근금지데이', '리프레시 휴가 refresh leave', '집중 타임', '캐주얼 프라이데이', '과장 대행제도', '금연장려운동' 등등 필요할 때마다 새로운 제도를 도입했다.

조직도 크게 변모했다.

가장 큰 변화는 기존에 여러 개로 흩어져 있던 본부를 관리 본부, 마케팅 본부, 영업 본부의 3개 조직으로 크게 통폐합했다는 점이다. 이에 따라 부서의 벽이 없어지고 부서간

## 개혁의 발자취

1987년 '아침회의' 시작
1991년 '야금금지데이' 시작(금요일만)
　　　 '리프레시 휴가' 시작
1994년 '집중 타임' 시작
1995년 '캐주얼 프라이데이' 시작
2001년 '금연장려운동' 시작
2002년 '과장 대행제도' 시작
2003년 전일제 '야근금지데이' 시작

처음에는 아침회의부터 출발했다.
회의를 통해 논리적 사고와 신속한 업무수행 능력을 갖추었을 때 '야근금지데이'를 도입했다.

수평 제휴가 한층 원활해졌다. 또 부서 통합은 사장과 현장의 거리도 좁혀주었다. 상하 조직에도 소통이 이루어진 셈이다.

'아침회의'와 '마감 발상'의 정착도 큰 변화 가운데 하나다. 아침회의를 지속하고, 마감시한 엄수로 업무에 긴장감을 불어넣은 덕분에 정보를 공개해서 공유하는 작업의 중요성을 모든 직원들이 인식하고 실천에 옮길 수 있었다고 확신한다.

그런 의미에서 가장 획기적인 개혁이라면 직원들의 의식과 일하는 방식일지도 모른다. 특히 업무처리 속도가 20년 전과는 비교할 수 없을 정도로 빨라졌다. 실제 직원 수는 줄었지만 매출은 5배로 늘었다는 점에서 개개인의 생산성이 5배 향상되었다고 자랑해도 크게 틀린 말은 아니다.

솔직히 말하자면 나 자신도 이런 눈부신 발전을 예상하지 못했다. 단지 내 마음속에는 이런 마음만은 간절했다.

'반드시 승리한다, 해낸다, 성공 기업으로 만들 것이다!'

## 이길 기회를 주어라, 승리를 맛본 자는 스스로 변화한다

나에게 일은 게임, 그 이상도 그 이하도 아니다. 그러기에 게임에서 우승을 차지하는 것이 나의 가장 큰 관심사다. 번번이 지는 게임을 계속해야 하는 것만큼 고통스러운 일도 없지 않는가!

그런데 일본에 새롭게 부임했을 당시 트라이엄프는 실적도 직원들의 사기도 최악이었다. 최전방에서 게임을 즐길 만한 수준이 아니었다.

'도대체 어떻게 하면 이 조직을 최고로 만들 수 있을까?'

아직 경험이 부족한 30대였던 나는 명쾌한 대답이 떠오르지 않았다. 하지만 회사란 누구나 규칙을 지키면서 플레이하되 승자가 될 수 있는 기회가 참가자 전원에게 평등하게 주어지는 게임의 장이어야 한다는 것은 분명했다.

'끊임없이 고민하다 보면 이길 수 있는 방법을 찾을 수 있다, 도중에 포기하지 않으면 반드시 성공 기업을 만들 수

있다.'

이 신념만큼은 단 한 번도 흔들리지 않았다. 아울러 조직을 강하게 만드는 데 도움이 되는 일이라면 과감하게 도입하고, 직원들이 아무리 반대해도 '옳은 일이라면 끝까지 한다'는 자세로 초지일관 달려온 결과, 19년 연속 매출 증대, 이익 증대를 달성할 수 있었다.

많은 사람들이 '변화를 두려워해서는 안 된다, 다 바꾸어라!'고 외치지만, 진심으로 변화를 반기는 사람은 거의 없다. 왜냐하면 인간은 기본적으로 변화를 싫어하는 동물이니까.

문제가 드러나 조직을 바꾸어야 한다는 사실을 피부로 느끼면서도 기존의 방식을 적극적으로 버리고자 하는 사람은 많지 않다. 대개 틀린 걸 알면서도 그 잘못된 방식을 고수한다. 그도 그럴 것이 무슨 일이 일어날지 모르는 불확실한 미래에 도전하는 것보다 익숙한 세계에서 안주하는 쪽이 훨씬 마음 편하기 때문이다.

하지만 일단 승리의 기쁨을 맛본 사람은 변하게 마련이다. 새로운 일에 앞장서서 도전하게 하고, 승리의 토대를 마련해 주어라. 그리고 직원을 한 방향으로 응집시켜라. 이것이 바로 리더가 해야 하는 일이다.

## 성공할 때까지 포기하지 않는 것, 그것이 리더의 역할이다

새로운 제도를 도입하거나 조직 개편을 단행하려고 하면, 아무리 이치에 합당한 주장을 펼쳐도 쌍수 들고 환영하는 직원은 없다. 특히 고통을 동반한 변화라면 거센 반대와 반발은 불을 보듯 뻔한 일이다.

강연회에서 내 이야기를 듣고 "우리 회사도 야근금지제 이를 도입하겠습니다." "아침회의를 열기로 결정했습니다." 하며 두 주먹을 불끈 쥐고 돌아간 경영자가 얼마 지나지 않아 "직원들의 반발이 너무 거세서 포기했습니다."며 풀이 죽은 목소리로 안타까운 소식을 전하는 경우가 종종 있다.

하지만 반대와 반발은 이미 시행단계 이전부터 예상한 일이다. 순조롭게 진행되지 못한 책임은 부하직원이 아니라, 직원들의 의견에 따라 갈팡질팡한 경영자에게 있다. 야근제로 시스템과 아침회의 등 경영자가 자신의 회사에 꼭 필요한 시책이라고 확신하고 진심으로 도입하려는 의지가 있다면 부하직원들의 말에 일일이 귀 기울일 필요가 없다. 과감하게 '내 명령에 따르라'고 왜 외치지 못하는가?

지금쯤 '말도 안 돼, 완전 파쇼네 파쇼!' 하며 고개를 절레절레 흔드는 독자도 있으리라. 하지만 기업은 '친목을 도모하는 동호회'가 아니다. 모두의 의견을 존중하고 다수결로 결정하다 보면 시간만 흘러간다. 게다가 다수결로 내린 결론은 회사 입장에서 옳은 일이 아닌, 바쁜 직원들의 편의를 봐주는 방향으로 흘러가기 십상이다. 이런 흐름으로는 오늘보다 나은 내일을 맞이할 수 없다.

조직을 바꿀 수 있느냐 없느냐는 전적으로 리더의 결단에 달려 있다. 개혁을 단행할 때 주위의 시선을 두려워해서는 안 된다. **'리더가 결정한 일은 무조건 따른다'**는 강인함을 심어주어야 한다.

그리고 일단 한다고 정했으면 성공할 때까지 포기하지 마라. 실패하는 이유는 도중에 포기하기 때문이다. 성공할 때까지 중단하지 않으면 절대 실패는 없다. 직원들이 협조해주지 않으면 협조할 때까지 버틴다는 각오가 필요하다.

내가 현장에 도입한 마감 발상이 정착되기까지는 10년이라는 긴 시간이 걸렸다. 또한 아침회의를 처음 시작할 때는 사내의 저항세력을 설득하려고 한 사람씩 찾아다녔는데, 때로는 술의 힘을 빌리는 치졸한(?) 수법까지 동원하기도 했다. 조직 개혁은 그 정도로 험난한 길이다. 리더가 그 고통을 감내하지 않으면 조직은 영원히 바뀌지 않는다.

달리 표현하자면, 100퍼센트 성공으로 이끌 수 있는 힘을 갖춘 자만이 리더가 될 자격이 있다.

## 회사에게 옳은 길이면 조령모개도 서슴지 않는다

성공할 때까지 지속하면 반드시 성공한다. 그러니 도중에 절대 포기하지 마라!

이는 발 빠르게 변화를 요구하는 '군자표변君子豹變'〔군자는 표범처럼 변한다는 뜻으로, 표범의 털가죽이 아름답게 변해 가듯이 군자는 자기 잘못을 고쳐 선(善)으로 향한다는 말〕과는 조금 거리가 있다. 하지만 나의 지론은 지속과 함께 '군자표변'을 내세운다. 리더는 반드시 상황에 따라서 발 빠르게 변화를 도모할 필요가 있다.

그렇다면 지속과 변화, 정반대의 입장을 리더는 어떻게 구분해서 사용해야 할까?

기준점은 '회사 입장에서 옳은 일은 무엇인가?'라는 진정한 고민과 그 해답이다. 회사를 위해 용단을 내렸다면 리더는 주위의 의견에 아랑곳하지 않고 끝까지 밀어붙여야 한다. 하지만 굳은 결심을 실천에 옮기는 동안 다른 방식을 찾았다면, 더욱이 후자 쪽이 전자보다 회사에 도움이 된다면 후자로 이행하는 일을 절대 주지해서는 안 된다. 요컨대, 하루라도 빨리 허물을 벗고 새로운 방식을 선택해야만 한다.

물론 성공을 확신하며 결정사항을 끝까지 관철시키겠다고 호언장담한 도중에 포기하면 주위에서는 '우유부단한 리더'라고 손가락질할 것이다. 아침과 저녁이 다른 '조령모개朝令暮改'는 부하직원들의 신뢰를 저버리는 행동일지도 모른다. 하물며 주위의 반대를 무릅쓰고 직원들에게 강요했던 결정사항을 갑자기 중지하라고 지시하기란 그간 사정을 생각하면 좀처럼 쉽지 않다.

그러나 리더의 자존심을 우선시하면 판단을 그르친다. 리더는 어떠한 상황에서도 회사를 위하는 일이 무엇인가를 고민하고 최선의 방법을 찾아야 한다. 내가 말하는 '조령모개'는 직원들의 협조를 구하지 못해서, 혹은 더 이상 지속하기가 어려워서 중도에 포기하거나 편하게 추진할 수 있는 방향으로 진로를 변경하는 안일한 선택과는 차원이 다르다.

조령모개를 꾀할 때, 현실을 정확하게 파악한 후의 최선책인가, 아니면 직원들의 반론에 부응하는 안일한 타협인가를 리더 스스로도 확실히 구분하기가 쉽지 않다. 그러니 책임감이 강한 리더일수록 지속과 변화를 놓고 진지하게 고민하게 된다.

하지만 최후의 순간은 리더 스스로가 용단을 내려야 한다. 그 고통을 감내하고 정확한 판단을 내리는 일이 조직을 이끄는 리더의 숙명이 아닐까?

'이 길이 아니다'라고 깨닫는 순간, 발 빠르게 진로를 수정하는 것이 군자라고 했다. 그렇다면 옳은 일을 앞에 두고 변화를 두려워하지 않는 사람이 참된 군자가 아닐까? 나는 그렇게 믿는다.

## 이념이나 사훈이 아니라
## 리더십으로 뭉쳐라

　리더는 회사를 위해 옳은 일이 무엇인가를 늘 고민하고 주위의 반대를 넘어서 이를 추진해야 한다는 내 주장에 '그것은 기업이념이 확실하지 않기 때문이다', '평소 옳은 일을 사훈으로 정해 두면 직원들에게 굳이 강요하지 않아도 된다'며 반론하는 사람도 있다.

　나는 회사에 옳고 좋은 일을 사훈이나 기업이념으로 다져 둔다는 견해에 찬성할 수 없다.

　대개 사훈이란, 그 기업이 과거에 이루지 못한 일을 문서화한 것에 지나지 않는다. 지금까지도 이루지 못했기 때문에 사장실 벽에서 내려오지 못하고 있을 뿐이다.

　분명 사훈을 만든 시점이라면 사훈이 의미가 있을지도 모른다. 하지만 앞으로 강한 조직을 만들기 위해 지난 사훈이 정말 필요할까? 오늘날과 같은 변화무쌍한 시대에 구닥다리 가치관에 젖어 있는 쪽이 오히려 더 위험하지 않을까? 어제의 정답이 오늘의 오답으로 바뀌는 것이 현실이다. 이때 리더는 급격한 변화에 대처하는 유연한 사고가 필요하다. 날마다 사훈을 바꿀 만한 용기가 있다면 몰라도, 대개 번쩍거리는 액자에 장식된 사훈을 하루아침에 갈아치울 수는 없는 노릇이다. 그렇다면 사훈은 그저 장식용으로나 걸어두어라.

기업이념을 사내 모든 사람이 공유할 필요도 없다. 오해를 무릅쓰고 감히 쓴소리를 하자면, **기업에 이념 따위는 필요 없다.**

직원들 모두가 받아들일 만한 확고한 이념이 없으면 조직이 하나로 뭉치지 않는다는 주장도 어불성설이다. 조직이 하나로 단결하지 못하는 원인은 이념의 부재가 아니라, 리더의 리더십 부재에 있다.

기업을 강하고 탄탄하게 만들어서 경쟁에서 승리한다! 조직이 공유할 가치는 이것이면 충분하다. 그리고 승리를 위해 무엇을 해야 하는지 고민하는 것이 바로 리더의 일이다. 요컨대 리더가 아닌 사람들이 '이념이 이러쿵저러쿵' 하며 걱정하는 조직은 건전하지 못한 조직이다.

건전한 조직은 인체와 흡사하다. 목이 마르면 냉장고 문을 열고 물을 꺼내 마신다. 이처럼 목적을 달성하기 위해 합리적 행동이 부드럽게 이루어지듯이, 건전한 조직도 목표 달성을 위해 일사불란하게 움직여야 한다.

그럼 여기서 잠시 인간의 몸이 효율적으로 움직일 수 있는 근거는 무엇인지 생각해 보자.

목적을 달성하기 위해 시간을 지체하지 않고 신속 정확하게 행동하는 이유는 바로 모든 지령을 '뇌'가 결정하기 때문이다. 뇌가 오른손으로 컵을 잡으라고 명령하면 오른손은 그 명령대로 행동을 개시한다. 이와 같이 우리의 몸은 역할 분담이 확실하다.

그런데 만약 오른손에도 뇌의 기능이 있다면 어떻게 될까?

'몸이 물을 원하니까 컵을 잡아라'고 뇌가 오른손에게 명령했을 때, 정작 오른손은 '왜 나한테만 명령하는 거니? 왼손에게도 똑같이 일을 시키지 않는 이유를 설명해 주지 않으면 컵을 잡지 않겠어'하고 목소리만 높이고 지시에 따르지 않는다면? 뇌가 '그럼 왼손의 생각도 한번 들어보자'며 이야기가 헛도는 동안, 누군가가 컵에 든 물을 마셔버린다.

이념으로 직원들을 이해시키는 것이 중요하다고 주장하는 기업도 이와 마찬가지다.

'뇌가 명령하면 오른손은 이에 따른다, 이상!'
일사불란하게 움직이는 조직이 가장 강한 기업이다.

## 자신의 삼각형이 출발점이다

내가 톱다운 방식의 중요성을 역설하면, "저는 사장이 아니라서 그렇게 강력한 리더십을 발휘하지 못합니다."라며 힘없이 고개를 떨어뜨리는 사람이 있다. 물론 경영자의 역할도 중요하지만, 우선은 자신의 재량이 닿는 범위에서 정진하는 일도 꼭 필요하다.

회사는 크고 작은 삼각형의 조직들이 모여서 형성된다.

당연한 이야기겠지만, 출발점은 자신의 삼각형이다. 즉 리더십을 발휘한다는 것은 자신이 속한 삼각형을 발전시키는 일에서부터 시작한다. 한 부서에서 성과가 나오면 이웃 부서도 자극을 받아서 본받으려고 할 것이다. 이렇게 널리 영향을 끼쳐서 자신이 좀 더 높은 위치에 섰을 때 더 큰 삼각형을 발전시키면 된다.

**처음에는 자신이 속한 작은 삼각형(△)에서 출발해,
점차 큰 삼각형(△)으로 그 영역을 넓혀간다.**

개별 사항을 결정할 때 가장 결정적인 기준으로 삼을 질문은 '회사를 위하는 일은 무엇인가?' 다.

아침회의도 처음에는 영업부 회의에서 출발했다. 그 회의에서 두드러진 성과와 실적을 올릴 수 있었기에 사장직에 올랐을 때 사내 전체로 도입할 수 있었다.

중요한 것은 크고 작은 개별 사항을 결정하는 '기준'을 사내 모든 사람들이 공유하는 일이다. 그 기준이란 어떤 삼각형의 꼭대기에 있든지, 아니면 아래에 있든지 상관없이 '회사를 위하는 일은 무엇인가?'를 끊임없이 고민하고 이 물음에 답하는 것이다.

## 진정성 있는 팔로워십이 강력한 리더십을 만든다

어느 기업이나 강력한 리더십으로 부하직원들을 이끌어가는 진정한 리더는 턱없이 부족하다. 그래서 최근에는 대기업을 중심으로 젊은 직원들 가운데 훌륭한 인재를 발탁해서 리더 연수를 시키는 기업이 늘고 있다.

그런데 일종의 엘리트 교육으로 진정한 리더를 육성할 수 있을까? 만약 이 방법이 효과적이라면 훌륭한 2세 경영자가 쏟아져나와야 할 터인데, 실제 초대 경영자를 능가하는 2세 경영자는 그다지 눈에 띄지 않는 것이 현실이다.

이는 리더가 갖추어야 할 지식과 정보를 일찍이 습득하더라도 구성원이 갖추어야 할 팔로워십followership이 없으면 진정한 리더십을 발휘할 수 없기 때문이다. 이때 팔로워십이란 리더의 지시에 따르는 팔로워follower의 자질을 말한다. 즉 리더십이 이끄는 자의 도리라고 한다면, 팔로워십은 따르는 자의 도리인 셈이다.

조직의 리더가 리더십을 발휘하고, 구성원이 팔로워십으로 리더십에 부응하는 기업문화가 갖추어진 조직은 시장 변화에 발 빠르게 대처할 수 있다. 이런 조직이 훌륭한 실적을 내는 것은 당연한 귀결이다.

리더가 되기 위해 왜 팔로워십이 필요한 것일까?

한마디로 말하자면, 구성원의 마음을 헤아리지 못하는 리더의 지시는 아무도 따르지 않기 때문이다. 아무리 톱다운을 강조해도 부하직원이 움직여주지 않으면 성과를 올릴 수 없다.

또한 리더의 사고회로와 의사결정 방법, 드넓은 시야를

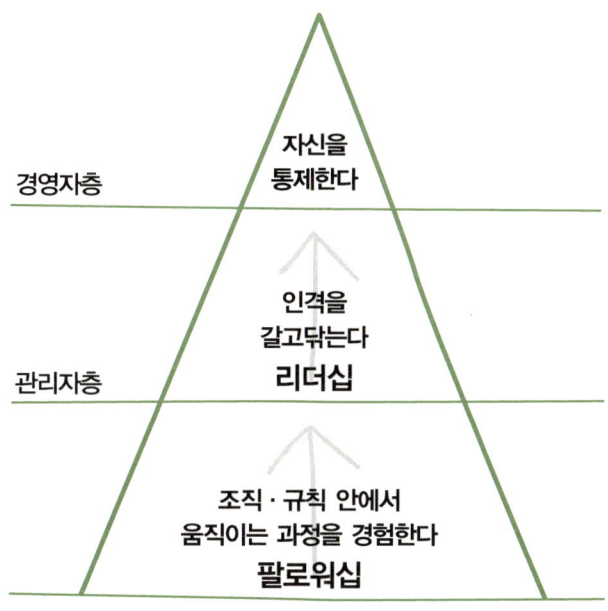

먼저 팔로워십을 익힌 다음, 리더십을 갈고닦는다.

배우려면 조직의 구성원으로서 리더가 하는 일을 가까이에서 보고 피부로 느끼는, 팔로워십 경험이 반드시 필요하다.

장차 **훌륭한 리더를 목표로 한다면 팔로워 입장에서 팔로워십을 열심히 갈고닦아야 한다.** 뒤에서 상사 험담만 늘어놓는 것은 엄청난 시간 낭비임을 잊지 마라.

## 조직에 있는 동안 꼭 해야 할 일은?

앞서 소개한 팔로워십이 아무 생각 없이 명령만 충실하게 따르면 그만이라는 뜻은 절대 아니다. 단순히 복종하는 것이 아니라, '이 지시에는 어떤 의미가 있을까?', '왜 지금 이 행동을 해야 할까?'라는 질문을 스스로에게 던지고 그 답을 진지하게 고민하면서 움직여야 한다.

만약 리더의 지시나 결정을 이해하기 힘들다면, 본인이라면 이렇게 했을 것이라며 시뮬레이션을 그려보는 습관을 갖는 일도 아주 중요하다. 이 습관은 뒷날 자신이 리더가 되었을 때 굉장히 도움이 된다. 이것이 바로 팔로워십으로 리더십을 배우는 길이다.

그렇다면 훌륭한 팔로워는 모두 훌륭한 리더가 될 수 있을까? 반드시 그렇지는 않다. 리더십에는 팔로워십만으로 통하지 않는 요소가 있다.

영어에 'born leader(타고난 리더)'라는 말이 있다. '리더는 태어나면서부터 리더'라는 의미인데, 특히 조직의 최고 위층에서 필요한 탁월한 리더십에는 인간적인 자질이 중요한 부분을 차지한다.

인간적인 자질 이야기가 거론될 때, 내가 즐겨 쓰는 표현이 바로 인간의 '야성미'다. 리더라면 미지의 상황에 흔들리지 않고, 실패해도 다시 일어서는 강인함이 필요하다.

일본의 경우 해마다 3만 명 이상이 자살을 하는데, 이 가운데 1만 명은 경제적 원인으로 스스로 목숨을 끊는다고 한다. 지인 중에도 사업 실패로 빚을 감당하지 못해 먼저 세상을 등진 친구가 있다. 실로 안타까운 일이다.

경제적인 실패가 바로 인생의 실패로 직결되는 풍토는 사라져야겠지만, 어떻든 리더에게는 회사가 무너져도 다시 일어나는 야생동물과 같은 강인함이 더 절실히 필요하다.

또한 리더는 암묵지暗默知, 즉 타인이 학습과 체험을 통해 습득했지만 겉으로 드러나지 않는 '암묵적 지식'을 적극적으로 모방할 필요가 있다. 리더십을 아무리 상세하게 설명해도 오랜 경험과 학습으로 쌓인 암묵지는 언어로 표현하는 데 한계가 있다. 보이지 않는 암묵지 부분을 읽어내서 자신의 것으로 소화하는 능력도 역시 훈련만으로는 부족하다.

나아가 조직을 이끄는 리더에게 필요한 으뜸 덕목은 '덕德'이다. 덕을 갖춘 사람은 타고난 리더가 될 수 있다.

그렇다면 '아무리 생각해도 나에게는 그런 자질이나 능력이 없습니다' 하는 사람은 어떻게 해야 할까?

걱정할 필요 전혀 없다. 그런 사람은 리더와는 다른 위치에서 자신의 무대를 찾아 실력을 발휘하면 된다. 조직에는 팔로워도 있어야 하고, 리더십보다 전문성이 요구되는 업무도 분명 필요하다. 모두 리더가 될 수도 없고 될 필요도 없다. 오히려 적재적소에서 자신에게 맞는 업무를 찾아 최선을 다하는 것이 회사 전체로 볼 때 더 훌륭한 성과를 낸다.

다만 조직에 몸담고 있는 동안 팔로워십을 갈고닦고, 자신의 리더를 관찰하면서 상대적으로 우수한 점을 찾아 배우거나(벤치마킹) 리더의 부정적인 면을 보고 역으로 가르침을 얻는 것(반면교사), 그리고 자신이 리더가 되었을 때 무엇을 해야 할 것인지 고민하는 일은 사회생활을 하는 사람이라면 누구에게나 꼭 필요한 일이다.

## 활기찬 사무실에는
## 집중이 발붙이지 못한다

경쟁에서 이기는 강한 조직이 되려면 모든 면에서 '스피드 업'을 도모해야 한다. 즉 강력한 리더십을 바탕으로 리더가 회사에 옳은 일을 판단하고, 이를 톱다운 방식으로 구성원에게 전달하며 구성원들은 팔로워십을 발휘해서 신속 정확하게 실행한다. 이와 같은 기업문화를 확립하고 각자의 역할의식을 공고하게 다져나가야 하는 것이다.

또 단순업무는 매뉴얼화하고 컴퓨터나 아웃소싱으로 대체 가능한 업무는 과감하게 일임하며, 직원은 직원만이 할 수 있는 업무에 집중한다면 조직의 효율은 반드시 향상된다.

그런데 이것만으로는 부족한 듯싶다. 업무 효율화를 극대화하고 싶다면, 어쩐지 '활기 넘치는' 사무실을 갖춰야 할 것만 같다.

사무실 여기저기에서 대화 소리가 들리고 전화벨이 쉴 새 없이 울리며 복사기와 팩스 주위에는 사람들이 분주히 오간다. '활기 넘치는' 사무실 하면 누구나 이런 광경을 떠올릴 것이다. 직원이나 사장이나 '우리 회사는 분위기가 좋아!' 하며 자부한다.

만약 당신도 그렇게 생각한다면, 당신은 아직 효율적인 업무 방식을 전혀 모른다는 뜻이다. 우리 주위에서 흔히 볼 수 있는, 웅성웅성 시끌벅적 사무실은 유감스럽게도 업무 환경으로는 최악이다.

언뜻 보기에 활기 넘치는 사무실이 비효율적인 이유는 무엇일까?

이를 설명하기 전에 사무실이 시끌벅적한 이유를 잠시 생각해 보자. 사무실이 소란한 이유는 딱 하나, 이웃 동료와 이야기하면서 일하는 습관 때문이다.

"내일 회의 몇 시부터지?"

"이 보고서 괜찮은지 좀 봐줄래요?"

"내 카피도 좀 부탁할게."

"○○ 씨, △△△에서 전화 왔습니다."

누군가가 말을 걸면 그때마다 작업이 중단되고, 신입사원은 전화를 받는 것이 주업무가 되고 만다. 이런 '활기찬' 환경에서는 집중하고 싶어도 집중하지 못한다. 요컨대 시끌벅적하고 활기 넘치는 사무실은 아무도 일에 집중하지 않고 있다는 증거다. 그런데도 시끌벅적하다는 이유만으로 왠지 열심히 일하고 있다는 착각에 빠진다.

이처럼 속 빈 강정 같은 나쁜 환경에서 일하는 것도 회사에서 야근이 사라지지 않는 중요한 요인 가운데 하나다.

## 개개인의 업무 범위를 최대한 명확하게 구분하라

그렇다면 생산성이 높은 작업환경으로 바꾸려면 어떻게 해야 할까?

먼저 개개인의 업무 범위를 명확히 해야 한다.

일본 공장의 생산 효율은 세계적으로도 명성이 자자할 만큼 높다. 이는 '지금보다 1초라도 시간을 단축할 수 없을까?'라는 관점에서 생산라인을 점검하고 병목 부분을 찾아 개선하는 일을 게을리 하지 않기 때문이다.

직원들이 죽을힘을 다해 노력한 결과, 60초에 1대의 기계를 조립할 수 있게 되었다고 치자. 그런데 목표 달성 시점에서 '젖 먹던 힘까지 짜내서 5초만 더 단축하자'고 무작정 강요한다면 직원들의 사기만 앗아갈 뿐이다.

반면에 작업공정을 하나씩 점검하면서 '지금은 부품 운반 직원의 거리가 다섯 걸음이지만 네 걸음으로 단축하면 결과적으로 시간을 1초 줄일 수 있다', '나사를 조이는 공구를 최신제품으로 교환하면 1초 단축할 수 있다'와 같이 근본적인 문제를 해결해 나가다 보면, 처음에는 불가능하게만 보이던 일도 해낼 수 있다. 이를 일본의 생산현장이 증명해 주었다.

물론 사무실에서도 이런 사고법을 충분히 응용할 수 있다. 단, 여기에는 하나의 절대조건이 필요하다. 공장의 생산라인과 같이 개개인의 업무 범위가 명확해야 한다.

하지만 사무직 근로자의 경우, 지위와 직능에 따라 역할이 규정되어 있지만 개별 업무 범위나 책임이 애매모호한 것이 사실이다. 따라서 누가 어떤 작업의 효율을 얼마나 올리면 전체 속도가 어느 정도 빨라지는지, 구체적인 계측이 전혀 불가능하다. 그렇다고 공장처럼 직원을 일렬로 쭉 세워놓고 업무를 볼 수도 없는 노릇이다.

여기에서 파워를 발휘하는 것이 바로 마감 발상이다.

각자 해야 할 업무를 명확히 구분해서 마감시한을 엄격하게 관리한다. 이렇게 하면 **누가 병목이 되어 있는지 한눈에 알 수 있다.** 첫 번째 병목을 개선하고, 순차적으로 다음 병목을 개선하는 작업을 되풀이하면, 반드시 조직 전체의 효율이 향상된다.

또한 빠듯하게 마감시한이 정해지면 싫어도 집중해서 일할 수밖에 없으므로 자연히 사무실은 조용해지게 마련이다.

## 직원에게는 개인 사무실, 임원에게는 단체 사무실을!

방 하나에 같은 부서 사람들끼리 옹기종기 모여서 일하는 작업환경도 직원들의 업무 집중도를 떨어뜨리는 원인이 된다.

가장 이상적인 구조는 직원들을 위해 각자 개인 사무실을 마련해 주는 것이다. 실제 실천에 옮겨보면 알겠지만, 아무도 말을 걸지 않고 불필요한 소리가 들리지 않는 조용한 환경에서 일하면 어수선한 사무실보다 생산성이 훨씬 높아진다.

예전에 홍콩에서 근무했을 때 처음으로 개인 사무실을 갖게 되었다. 그때는 평사원이었지만, 그 회사는 직함에 관계없이 모두가 개인 사무실에서 근무할 수 있는 환경을 갖추어주었다. 줄곧 단체 사무실에서 많은 사람들과 함께 일했던 나는 처음에는 혼자 작업할 수 있을까, 하며 덜컥 겁이 났다. 하지만 개인 사무실에서 혼자 지내보니 예전과는 비교할 수 없을 정도로 업무속도가 빨라졌다. 누구의 방해도 받지 않고 눈앞의 과제에 집중할 수 있는 환경이 업무 효율에 지대한 영향을 끼친다는 사실을 뼈저리게 실감했다.

다만 개인 사무실에서 업무를 보려면 업무가 개인 단위로 구분되어 있어야 한다. 명확히 구분되지 않으면 상담이나 협의라는 이름하에 여기저기 다른 방을 쫓아다녀야 할 테니까. 그러니 업무 범위가 명확하지 않은 상태에서는 개인 사무실이 주어져도 효율은 절대 올라가지 않는다.

한편 현실적으로 모든 직원들에게 개인 사무실을 마련해 주기 힘든 회사도 많을 것이다. 그래서 내가 차선책으로 소개하고 싶은 방법이 '집중 타임'이다.

업무 범위만 명확히 할 수 있다면, 내가 직접 경험한 '집중 타임'도 탁월하게 효과를 올릴 수 있다.

트라이엄프에서 실시했던 '집중 타임'이란, 날마다 점심시간 이후 오후1시부터 오후 3시까지를 각자 업무에 최대한 몰입하는 시간으로 정한 규칙을 말한다. '집중 타임' 2시간 동안에는 잡담, 전화, 사무실 내의 이동 등 다른 직원들의 집중을 방해하는 행위는 일절 금지다. 기분을 전환한다며 자판기 커피를 뽑으러 가서도 안 된다. 물론 고객의 전화는 예외다. 하지만 '집중 타임'이 세간에 알려지고 주목을 받으면서 고객이나 거래처도 배려해 주었다.

'집중 타임' 시간에는 총무부 담당자가 사내를 순시한다. 위반자가 있으면 소속 부서별로 벌금이 부과된다.

"벌금이라고? 너무 심한 거 아냐?"라고 반문할지도 모르지만, 소란한 사무실에 익숙한 직원들에게 '업무 집중은 바로 이런 거야' 하며 몰입의 참맛을 주지시키려면 이 방법이 아주 효과적이다.

## 주요 시책과 사고법

### ○○ 씨 부르기 운동
직위고하를 막론하고 회사를 위해 허심탄회하게 이야기를 나눌 수 있는 환경이라면 정보 공유가 가능해진다.

### 아침회의 + 각 부서 회의
투명한 의사결정 구조, 엄격한 마감, 친밀한 커뮤니케이션, 업무 범위의 명확화

#### 스케줄화 / 매뉴얼화
철저한 업무 효율화

#### 집중 타임
조용하면서도 집중할 수 있는 환경 구축

#### 과장 대행 제도
인재 육성 환경 제공, 싹이 보이는 인재를 더 적극적으로 지원

### 완전 '야근 금지데이'

#### 리프레시 휴가
100% 유급 휴가

#### 금연장려운동
담배를 끊으면 격려금 지급

### 일, 그리고 인생을 즐긴다
가장 소중한 것은 건강과 인생!

물론 규칙을 도입한 직후에는 직원들이 집중하지 못하고 자리에서 일어서거나 소리를 내는 경우도 적지 않았다. 위반자를 발견하면 총무부 담당자가 호루라기를 부는데, 처음에는 내가 직접 호루라기를 불면서 사무실을 돌아다녔다.

'집중 타임'을 시작한 초기에는 "너무 집중만 하다 보니 머리에서 쥐가 납니다. 시간을 좀 줄여주세요."라는 여론이 일었다. 이는 그 전까지는 단 2시간도 집중해서 일하지 않았다는 반증이다. 하지만 집중해서 업무에 몰입하는 '집중 타임'이 정착되자 위반자조차 자연스레 불만의 소리를 내지 않았다.

'집중 타임'에 앞서 '야근금지데이'를 실시했기 때문에, 집중하지 않으면 일을 끝내지 못하고 마감을 맞추지 못한다는 사실을 누구나 깨닫고 있었다. 그 결과 '집중 타임' 덕분에 업무 효율이 더 높아지고, '야근금지데이'를 더 강화할 수 있었다.

덧붙이자면, 직원들에게 개인 사무실을 마련해 주기 위해 기존에 개인실을 점거했던 임원을 단체 사무실로 한데 모아두면 어떨까? 임원들에게는 실무에 집중할 시간과 환경보다는 친밀한 커뮤니케이션이 훨씬 더 필요할 테니까.

## 리더와 보스의 결정적 차이는 정보 공유에 있다

 '리더가 의사결정을 하고, 이 결정에 직원들이 따른다' 혹은 '톱다운 방식이 강한 조직의 조건이다'라고 주장하면, '나 홀로 사장이 이끄는 기업이 가장 강하다'는 뜻으로 잘못 해석하는 사람이 있다. 하지만 강한 리더와 '나 홀로 보스'는 전혀 다르다.

 피리미드형 조직에서는 정보가 최고경영자에게 집중되게 마련이다. 또 그렇게 하지 않으면 안 된다. 필요한 정보를 꿰고 있지 않으면 경영자는 정확한 판단을 내릴 수 없기 때문이다.

 그런데 정보를 혼자서 독점하는 사람은 독재자가 되기 쉽다. 이는 사내에서 가장 많은 정보량을 자랑하기 때문에 당연한 귀결이다. 사태가 이쯤 되면, 부하직원은 보스의 결정에 반대의견을 제시하지 못한다. 설사 이의를 제기한다 해도 "자네는 아무것도 몰라. 이것 봐." 하며 모르는 정보를 내놓을 것이고, 그럴 때 직원은 "예, 알겠습니다." 하며 끌려갈 수밖에 없다.

하지만 조직의 상층부만 정보를 장악하는 밀실정치를 행하는 조직이 건전할 리는 만무하다. '우리는 언제나 찬밥 신세야!' 하며 직원들의 사기는 땅에 떨어질 것이다. 게다가 경영자가 정보를 드러내지 않는 이유가 단순히 자신의 자리를 지키기 위해서라면, 직원들도 이를 단번에 알아차린다. 이렇게 그릇이 작은 독재형 보스라면 구심력이 없어서 한순간 판단을 잘못하면 직원들은 바로 떠나간다. 그래서 '나 홀로 보스'의 회사는 위험하다.

반면에 강한 리더는 부하직원에게 모든 정보를 공개하고, 결정에 이르는 과정을 톱다운 방식으로 직원들에게 전달한다. 이처럼 정보를 공유하면 '지금 이런 문제가 생겼으니까 이렇게 해결하겠다'는 경영자의 결정사항에 'A가 아니라, B가 아닐까요?'라는 다른 의견이 분명히 나온다. 정보 공개는 반대의견을 창출하는 일과 통하기 때문이다.

경영자가 직원과 똑같은 정보를 갖고 있으면서도, '내 의견을 따르라'고 직원들에게 큰소리 칠 수 있는 근거는 무엇일까?

회사 입장에서 무엇이 옳은가를 논리적으로 생각하고, 또한 판단하는 속도가 빠르고, 결단하는 용기를 갖고 있으며, 이 모든 것을 책임지겠다는 각오가 있기 때문이다. 물론 그 판단은 정확해야 한다.

경영자는 조직 내 그 누구보다 모든 면에서 앞선다는 사실을 증명해 보여야 한다. '이 사람의 지시에 따르는 한 회사가 잘못될 일이 없다'고 직원들을 납득시켜야만 한다.

이와 같이 강한 리더가 되는 길은 독재형 보스가 되는 길보다 백 배는 더 어렵고 험난하다.

간혹 나를 '보스 경영자'라고 부르는 사람이 있었지만, 현실은 그렇지 않았다. 미공개 인사와 직원들의 연봉 이외에는 모든 정보를 공개했기 때문에 나는 무시무시한 보스가 되고 싶어도 될 수 없었다.

5장

# 순간의 승부를 가르는

# 역발상 기술

"비즈니스 정글에서
　역발상은 기본기다"

## 직장인이여, 건강한 야성미를 되찾아라

요즘 직장인들을 보면 고분고분한 예스맨이 넘치는 것 같다. 소심파를 넘어서 순종파가 되었다고 할까?

이런 이야기를 호주 친구에게 했더니, 호주에도 '톨 포피 신드롬Tall Poppy Syndrome(키 큰 양귀비 증후군)'이라는 말이 있다고 했다. 키 큰 양귀비를 쳐내듯 혼자만 잘나가는 사람을 좋지 않게 본다는 뜻인데, '모난 돌이 정 맞는다'라는 속담과 일맥상통하는 이야기다. 이처럼 모난 돌이 되고 싶지 않은 젊은이들이 눈에 띄게 늘었다. 젊음의 기백을 잃고 심약해지는 현상은 세계적인 추세인 것 같다.

일본의 경우, 그런 경향이 특히 농후한 것 같다. 아마도 원인은 가정교육에서 찾아야 할 듯하다. 그도 그럴 것이 주위를 둘러보면, 모든 유해환경을 원천봉쇄하고 무균無菌 상태에 가까운 환경에서 아이를 키우려는 부모들이 많다. 그 결과 반항이나 일탈을 혐오하고 그저 무난하기만 한 예스맨이 증가한 것이다.

물론 예스맨이 무조건 나쁘다는 것은 아니다. 하지만 비즈니스맨이 매사에 순종적인 예스맨이라면 곤란하다. 왜냐하면 비즈니스 세계는 무균상태와는 거리가 먼, 갖가지 세균과 사나운 짐승들이 들끓는 야성의 들판이기 때문이다. 이런 살벌한 세계에 균에 대항하는 내성도 없고, 적으로부터 자신을 보호하는 기술도 없는 허약한 인간이 발을 들여놓으면, 순식간에 잡아먹히고 만다.

만약 치열한 생존현장에서 살아남고 싶다면, 또 승리를 간절히 염원한다면, 동물인 인간이 본디 갖추고 있는 **건강한 야성미를 되찾는 일**부터 시작해야 할 것이다.

## 야생의 비즈니스 세계,
## 암묵지를 훔쳐라!

건강한 야성미를 되찾기 위해서는 '눈치껏 순종하는 것이 미덕이다'라는 의식부터 버려야 한다.

특히 1장에서 소개한 감정에 치우친 '의리파·인정파'는 거친 야성미를 배양하는 데 크게 도움이 되지 않는다. 다만 완전히 무시해 버리면 따뜻한 인간미까지 없어지므로, 딱딱한 관계의 틈을 메울 윤활제만 남겨두고 나머지는 과감히 버린다. 결과적으로 모든 것을 비즈니스 관점으로 바라볼 수 있는 토대가 마련되는 것이다.

의리와 인정에서 자유로워지면 사물을 논리적으로 생각하고 이성적인 판단을 내리기 때문에 그만큼 실수가 줄어들고 업무처리 속도도 빨라진다. 이는 평소 감정에 치우친 판단이 얼마나 업무의 발목을 잡고 있었는지 대변해 주는 결과이기도 하다.

이렇게 해서 기본 토대가 갖추어졌다면, 다음 단계로 넘어가 모방의 기술을 습득하라.

앞에서도 소개했지만, 나는 모방 발상을 업무 신조로 삼고 있다. 물론 제품 자체를 모방하면 쇠고랑 신세를 면하기 어렵겠지만, 시스템이나 사고법 등에서 막혔던 시야를 뚫어주는 것이라면 무조건 철저하게 모방한다. 망설이지 마라. 회사를 위해 도움이 된다면 철저하게 따라해야 한다. 그리고 여기에 양념을 곁들여 자신의 것으로 만들면 된다. 이 세상에 완전한 오리지널은 존재하지 않는다.

내가 도입한 '야근금지데이', '캐주얼 프라이데이', '집중 타임'의 원형은 모두 다른 회사에도 있었다. 하지만 누군가를 따라했다는 사실에 전혀 개의치 않는다. 오리지널이냐 모방이냐를 따지는 것보다 매출과 실적이 올라가 회사가 발전하는 것이 더 중요하니까.

모방 발상은 4장에서 소개한 '암묵지의 모방'으로도 이어진다.

순수한 마음으로 배우는 일도 중요하지만, 수동적으로 배울 수 있는 지식은 눈에 보이는 형식지形式知가 대부분이다. 그런데 아무리 형식지가 많더라도 이론에만 그치고 실전에서는 무용지물이 되는 경우가 많다. 비즈니스 세계는 형식지로 승부가 판가름날 만큼 호락호락하지 않다.

　실전에서 승부를 가늠하는 것은 본인도 그 실체를 명확하게 알지 못하는, 언어로 표현하기 힘든 암묵지를 얼마나 많이 갖추고 있느냐에 달려 있다. **암묵지는 아무도 가르쳐줄 수 없는 것이기 때문에 손에 넣으려면 모방밖에 달리 방법이 없다.**

　구체적인 '모방법'을 소개한다면, 우선 '저 친구, 일 잘하네'라는 생각이 들면 그 사람의 일거수일투족을 관찰한다. 끈기 있게 관찰하다 보면, 그 사람이 어디에서 어떤 아이디어를 가지고 일하고 있는지 보일 것이다. 그러면 이를 모방해서 자신의 것으로 만들면 된다. 이 방식을 끊임없이 되풀이하면 훌륭하게 암묵지를 쌓아갈 수 있다.

　일 잘하는 그 사람도 역시 타인의 암묵지를 많이 훔쳐오지 않았을까?

## '진인사'하되,
## 그 전에 자신의 능력을 파악하라

'진인사대천명盡人事待天命'이라는 말이 있다. 사람으로서 자신이 할 수 있는 어떤 일이든지 노력하여 최선을 다한 뒤에 하늘의 뜻을 받아들여야 한다는 뜻인데, 나는 이 경구를 늘 가슴에 새겨두고 일해 왔다.

일은 게임이다. 하지만 유유자적 뒷짐 지고 할 수 있는 쉬운 게임은 절대 아니다. 오히려 하루하루 자신의 모든 것을 걸고 전력투구하는 자세가 요구되는 서바이벌 게임이다. 그런데 주위를 둘러보면 죽기 살기로 매달리는 사람은 구경하기 어려운 것 같다.

물론 한 사람 한 사람에게 물어보면, "최선을 다해서 열심히 하고 있습니다."라고 힘주어 대답한다. 하지만 아무리 최선을 다한다고 생각해도, 그 사람이 가진 자질과 잠재력에서 본다면 여전히 '여력'이 남아 있다. 그렇다면 명명백백 최선을 다했다고 할 수 없는 것이다.

요컨대, '진인사대천명'이라고 확신하는 것은 단순히 본인 생각이고, 실제로는 '진인사'는 쏙 빼고 단지 '천명'만 기다리는 사람이 훨씬 많다.

스스로 최선을 다하지 않았다고 인정하는 경우는 논외 대상이겠지만, 정말 최선을 다하는데도 성과가 나오지 않는다고 울상 짓는 사람이라면, 자신이 하고 있는 '진인사'의 수준을 다시 한 번 평가해야 할 것이다. 분명 객관적인 시각으로 보면 최선을 다하지 않았을 확률이 크다.

진심으로 자신의 능력을 몽땅 쏟아붓고 싶지만, 실행으로 이어지지 않는 이유는 자신의 능력이 어느 정도인가를 제대로 파악하지 못하기 때문이다. 능력의 일부만 쓰고 나서 '나는 최선을 다했다. 더 이상은 불가능하다'고 쉽게 포기해 버린다. 이런 사람은 자신의 한계선까지 죽기 살기로 일한 적이 없다고 해도 크게 틀린 말은 아닐 것이다.

자신의 능력을 파악하는 것은 그다지 어려운 일이 아니다. 업무에 빠듯한 마감시한을 정해서 자신을 몰아붙이면 된다. 우선 야근을 하면서 늑장을 부렸던 업무를 근무시간 안에 마무리짓는다. 2시간 걸린 일을 1시간에 끝낸다. 처음에는 '말도 안 돼!'라고 생각할지 모르지만, **업무처리 속도는 노력**

**하면 어느 선까지는 반드시 올라간다.** 아마도 '나한테 이런 능력이 있었던가!' 하며 자각하는 데 그리 많은 시간이 걸리지 않을 것이다.

자신의 능력 파악과 아울러 그 능력을 늘려가는 것도 매우 중요하다. 이때는 암묵지의 수를 얼마나 많이 쌓아가느냐에 해답이 있다. 암묵지가 많을수록 다양한 재능을 발휘하고픈 아이디어가 샘솟는다. 주변에서는 '정말 최선을 다 했다'고 칭찬해도, 정작 당사자는 아직 여력이 남았다며 더 열심히 달린다.

결과적으로 '진인사'의 크기가 커질수록 '대천명', 즉 하늘에 운을 맡기는 영역이 줄어들기 때문에 스스로 업무 결과를 통제할 수 있다. 당연히 실패도 줄어든다.

가능하다면 하늘의 뜻을 기다리지 않고도 '게임 오버' 순간을 맞이할 수 있도록 있는 힘을 다하라.

## 물병이 넘어질 때까지 방치하지 마라

"일을 할 때 가장 염두에 두어야 할 사항은 무엇입니까?"라고 누가 나에게 묻는다면, 나는 한 치의 망설임 없이 "스피드!"라고 자신 있게 대답할 것이다.

시대는 변했다. 거듭 신중을 기하며 마냥 돌다리만 두드리다 보면 기회는 달아나고 손실은 눈덩이로 불어나는 것이 오늘날의 비즈니스 환경이다.

그런 의미에서 **"성공할 확률이 60퍼센트라면 과감하게 강물로 뛰어들어라."** 하고 나는 입버릇처럼 말했다. 100퍼센트 성공을 확신하는 순간까지 기다리다가 뒤늦게 착수하기보다는 40퍼센트의 위험부담을 안고서 바로 돌진하는 쪽이 결과적으로 더 많은 이익을 얻을 수 있기 때문이다.

단, 실패를 그대로 방치해 두면 패자로 '게임 오버' 순간을 맞이한다는 사실을 잊어서는 안 된다. 처음 시도가 실패했다면 재빨리 궤도를 수정해 최후의 승자로 등극해야 한다.

약간 기울어진 받침대 위에 유리 물병을 올려두는 상황을 상상해 보자.

대충 어림잡은 위치에 물병을 놓고 곧 바로 손을 떼면 어떻게 될까? 다행히 유리병이 가만히 서 있을지도 모르지만, 중심이 약간만 기울어도 데굴데굴 굴러서 와장창 깨진다.

이를 방지하기 위해서는 먼저 위치를 얼추 가늠해 물병을 올려두면서 바로 손을 떼지 말고 흔들리는 정도를 살피며 조금씩 위치를 바꾸면 된다. 그리고 이 방법은 처음부터 100퍼센트 안전한 위치를 거듭 계산해 병을 놓고 손을 떼는, 하늘에 운을 맡기는 '돌다리파'보다 훨씬 빨리 그리고 확실하게 병을 세워둘 수 있다.

비즈니스도 마찬가지다.

최후의 승자가 목표라면, 수정을 전제로 하는 한 사소한 실패는 전혀 문제가 되지 않는다. 물론 실수했다고 화낼 필요도 없다. 대신 실패나 실수가 드러나자마자 곧바로 보고해야 한다. 보고가 지체되거나 은폐되면 올바른 궤도 수정을 하지 못해서 바라던 결과를 얻지 못한다.

같은 맥락에서 작은 실패를 부정적인 평가의 잣대로만 여기는 기업의 업무 환경은 바람직하지 못하다. 오히려 직원들이 실패를 두려워하지 않고 끊임없이 도전할 수 있는 토대를 마련해 주는 쪽이 기업의 발전을 위해서도 훨씬 바람직하다.

나 또한 '최후의 승자'를 목표로 하기 때문에, 누군가 '실패 경험'을 물으면 딱히 할 말이 없다. 물론 작은 실패는 수없이 경험했지만, 이는 큰 성공을 거머쥐는 하나의 과정에 불과하므로 작은 실패를 절대 실패라고 생각하지 않는다.

## 일은 게임, '돈 벌기 위해서' 일한다

'일은 게임이다!'라는 내 주장에, '게임이라고? 말도 안 돼! 어떻게 그리 가볍게 말하지?' 하며 화를 내는 사람이 있다. 그렇게 얼굴 붉히는 사람에게 되묻고 싶다.

"그럼 일은 뭐라고 생각하는가?"

자아실현의 장? 인생 그 자체? 이 말도 틀린 답은 아닐 테지만, 솔직히 회사 입장에서 말하자면 직원이 일을 통해 자아실현을 하느냐 못하느냐의 문제에는 그다지 관심이 없다. 게다가 회사 일이 인생 자체라고 믿는다면 퇴직과 동시에 인생이 끝나버리지 않는가?

회사에서 일하는 목적이나 의의는 일을 얼마나 잘하느냐, 즉 성과를 올리느냐에 달려 있다.

사장 취임 직후에 나는 어느 백화점 총회에 초대받았다. 이름만 거창해 '총회'지, 해당 백화점과 거래처들의 친목을 다지는 자리였다.

총회는 스탠딩 파티 형식으로 진행되었기 때문에 딱히 정해진 자리가 있었던 것은 아니지만, 메인테이블에 백화점 사장과 회장들, 그리고 거래처 중에서도 굵직굵직한 대기업의 최고경영자들이 모여 있었다. 나는 주저하지 않고 중앙으로 발걸음을 옮겼다. 햇병아리 사장이 백화점업계의 유명인사들과 친분을 쌓으려면 먼저 다가가서 얼굴을 들이미는 것이 가장 효과적인 방법이라고 생각했기 때문이다. 게다가 아무도 나를 상대해 주지 않더라도 쟁쟁한 자리에서 오가는 대화만 듣고 있다가 입이 딱 벌어질 만큼 굉장한 정보를 건질지도 모르는 일 아닌가.

그런데 이런 '작전'을 구사하는 사람은 나 말고 아무도 없었다. 대부분의 초대자들은 메인테이블에서 저만치 떨어진 구석자리에서 지인들과 담소를 나누면서 음식을 먹고 있었다.

부끄러워서, 자신감이 없어서, 기가 죽어서, 중뿔나게 나서는 것 같아서…… 그런 마음을 모르는 바는 아니다. 하지만 나처럼 일은 게임이라고 명쾌하게 생각하면 자의식 같은 훼방꾼은 잠시 무시해 두고, 순수한 마음으로 게임에 이기기 위해 당장 해야 할 최선의 방법을 선택할 수 있다.

덧붙이자면 나는 공적인 파티에서는 웬만하면 음식에 손을 대지 않는다. 이유는 딱 하나, 먹는 시간이 아깝기 때문이다. 좀처럼 만나기 힘든 거래처의 중역이나 업계 요인들과 대면하는 자리에서 식사나 잡담으로 시간을 낭비하다니 말도 안 된다.

아마도 잡담을 나누며 음식을 즐기는 사람들은 회사 일이 바로 자신의 일이라고 여기면서 회사와 스스로를 번갈아 바라보며 일을 처리하는 '양다리파'일 것이다.

업무 중에 생각해야 하는 것은 '회사 입장에서 옳은 일은 무엇인가?' 이것 하나면 충분하다. 그외의 모든 생각은 게임에서 이기는 데 판단을 흐리게 할 뿐이다.

한편 게임의 승리를 간절히 바란다면, **게임에 지나치게 깊**

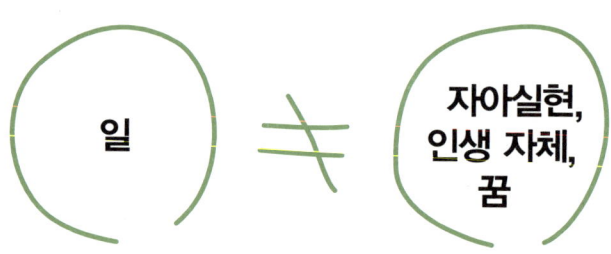

일과 인생을 동일시하지 마라.
업무를 객관적으로 바라보고 회사 입장에서 최고의 결과를
이끌어내는 사람이 진정한 전문가다.

**이 빠지지 마라.** 언제나 한 걸음 물러서서 전체를 냉철하게 바라보는 안목을 갖지 않으면 게임을 통제하지 못하고 상대의 페이스에 휘말리고 만다. 경마나 슬롯머신이 좋은 예다. 빠지는 순간 승리와는 멀어진다. 따라서 게임의 달인은 절대 게임에 매몰되지 않는다.

회사 일도 똑같다. 매몰되는 순간, 사방이 캄캄해져 아무것도 보이지 않는다. 게다가 공과 사를 구분하지 못하는 사람은 성공할 수 없다.

업무는 인생 그 자체가 아니라, 인생의 일부분이다. 나는 생활에 필요한 돈을 벌기 위해 일한다. 그 이상은 절대 아니다. 그리고 어차피 일해야 한다면 재밌게 하자고 생각할 따름이다.

자아실현 혹은 인생 그 자체, 꿈 등 회사 일에 불필요한 의미를 부여하기 시작하면, 때론 그것이 당신의 발목을 잡을 수도 있다!

## 스트레스 받는 자여,
## 조직에서 조직 밖을 꿈꿔보라

 게임의 진정한 묘미를 맛보고 싶다면 독립해서 직접 회사를 경영하겠다는 목표를 세워라.
 업무 스트레스에는 크게 두 종류가 있다. 업무 자체에서 비롯된 스트레스와 조직 내 인간관계에서 파생한 스트레스가 그것이다. 이 가운데 전자는 업무의 일부로, 때로는 이를 극복하는 것이 업무의 묘미로 변신하는 경우도 있다. 훌륭한 성과를 올리기 위해서 그에 따른 부담감은 피할 수 없겠지만, 생각하기에 따라서는 즐길 수 있는 스트레스라고도 말할 수 있다.
 문제는 후자다. 인간관계에서 비롯된 스트레스는 생산적인 부분이 거의 없고, 능숙하게 대처해도 만족감을 느낄 수 있는 수준이 못 된다. 무엇보다 일을 할 수 있는 에너지를 앗아가기 때문에 피할 수 있다면 피하고 싶다. 그렇지만 조직에 몸담고 있는 이상, 사람과 사람 사이의 마찰은 필연적으로 따른다고 생각하는 쪽이 정답이다.

그렇다면 조직의 스트레스에서 자유로워지는 방법은 딱 하나, 독립하면 된다. 이는 내가 실제로 경험한 일이기도 하다. 나는 조직에서 오랫동안 월급 사장으로 근무했다. 아무래도 사장이니까 직원보다는 조직생활이 자유로웠지만, 외국계 기업이다 보니 해외 본사의 '말씀'에 늘 신경을 곤두세워야 했고, 이것이 상당한 스트레스였다. 그 스트레스가 일하는 기쁨을 반감시켰다는 사실을 독립하면서 새롭게 깨달았다. 조직의 스트레스에서 벗어나 하나에서부터 열까지 나 홀로 업무를 디자인하는 일이 이렇게 재밌고 즐거운지는 미처 몰랐다.

현재 내 명함에는 직함이 새겨져 있지 않다. 단지 '요시코시 고이치로'라는 이름만 있을 뿐이다. 내 명함을 건네면 상대방이 눈을 부릅뜨며 놀라는 일도 많지만, 어디에도 얽매이지 않는 자유로운 지금 심정을 대변하는 내 명함이 너무나 마음에 든다.

## 작은 현장 경험이 모여
## 자신의 힘이 된다

　나는 조직에 몸담고 있는 동안, 스스로 일을 만들어서 추진하는 것과 나 자신을 엄격하게 통제하는 일에 상당히 집중했다. 이처럼 평소 스스로를 단련했기에 지금 독립해서도 일을 즐길 수 있다고 자부한다.

　장차 독립을 하고 싶다면, 조직에 있는 동안 어떤 스킬이나 능력이 필요한지 늘 염두에 두면서 일하는 것이 중요하다.

　예를 들면 자신의 회사를 꾸려나갈 때 가장 중요한 능력이 바로 리더십이다.

　리더십을 갖추려면 먼저 신입 시절부터 팔로워십을 배우면서, '내가 리더가 되면 이렇게 하겠다'는 시뮬레이션과 언젠가는 꼭 리더로 우뚝 서겠다는 포부를 잊어서는 안 된다.

　또한 업무를 통해 큰 그림을 그리는 능력 배양도 필요한데, 이는 회사에서 시키는 일만 수동적으로 처리하는 업무

방식만으로는 불가능하다. 자진해서 프로젝트 사업에 참가하는 등 어느 정도 권한과 동시에 책임이 부과되는 업무를 가능한 빨리 경험해 보는 것이 이상적이다.

아울러 업무를 위에서 아래로 훤히 내려다볼 줄 아는 조감 능력을 갖추고, 폭넓은 분야에 정통하는 것도 독립 이전에 갈고닦아야 할 능력이다. 이와 관련해서는 대기업보다 혼자서 다양한 업무를 처리해야 하는 중소기업 쪽이 훨씬 유리하다.

20대 후반, 나는 새롭게 일본 진출을 꾀하던 커피 회사에 다니고 있었다. 덕분에 나는 사무실 물색부터 직원 채용까지 두루두루 현장을 경험했다. 커피메이커를 팔기 위해 홍콩의 도심 음식점을 일일이 돌아다니며 리스트를 작성한 적도 있다. 그때 매출 신장을 위해 시작한 영업회의가 아침회의의 뿌리다.

사장이 된 뒤에도 모든 회의에 참석했고, 직접 현장을 찾아가서 함께 문제 해결에 매달렸던 '현장 지상주의'는 이런 작은 현장 경험이 쌓여서 탄생한 것이다.

반면에 현장과 동떨어진 대기업 직장인들은 현장에서 경험을 쌓을 기회가 부족한 탓에 독립의 어려움을 배로 느낄

지도 모른다. 독립 이후에 자신의 실력이라고 믿었던 것이 실은 '명함＝회사의 힘'이었음을 자각하는 순간, 심한 좌절감을 느낄 것이다. 따라서 앞으로 취업을 앞둔 젊은이라면 현장과 가까운 작은 조직에서 실력부터 갈고닦으라고 당부하고 싶다.

실제로 독립을 하든 하지 않든 그것은 다음 문제고, 일단은 독립하겠다는 큰 뜻을 품고 일하는 사람과 정년까지 이대로 쭉 버티겠다는 사람은 성장 속도에서부터 하늘과 땅 차이가 난다.

## 첫걸음은 작은 아이디어부터

고질적인 야근을 뿌리 뽑기 위해 아무리 목소리 높여도 한 사람의 힘으로는 근절하기 어렵다. 용기를 내서 나 홀로 야근을 거부해도 현실에서는 '비협조적인 직원'으로 내몰리거나, 희망하지 않는 부서로 쫓겨나는 불이익을 당하기 십상이다.

조직을 바꾸려면 경영자가 용단을 내리거나, 아니면 야망 있는 당신이 독립해서 스스로 신나게 일할 수 있는 조직을 만들 수밖에 없다.

그렇다고 조직에 몸담고 있는 동안 무조건 참는 것이 능사는 아닐 터, 이번에는 머리를 좀 써보자.

다음은 어떤 여성 직장인한테서 직접 들은 이야기다.

직장과 육아를 병행하는 A씨는 늦어도 저녁 7시까지는 보육기관에 맡겨둔 아이를 찾으러 가야만 했다. 물론 제시간에 퇴근하면 충분히 여유가 있지만, 소속 부서가 일이 굉장히 많아서 다른 직원들은 모두 밤 10시가 넘어서야 퇴근했다. 상황이 이렇다 보니, A씨는 미안한 마음에 늘 도망치듯 회사 문을 나서야 했다. 퇴근길에 부탁받은 일을 거절해서 노골적으로 혼난 적도 많았다고 한다.

고민 끝에 A씨는 아침 출근과 동시에 집에서 만들어온 깃발을 자신의 책상 위에 꽂았다. 그 깃발에는 '야근금지데이'라고 적혀 있었다. '깃발을 꽂은 날에는 야근이 어렵습니다. 대신 근무시간 중에는 평소보다 일을 훨씬 많이 할 테니 용건이 있으면 빨리 말씀해 주세요'라는 속내를 그 깃발에 담았던 것이다.

결과적으로 A씨는 주위 동료들을 배려하면서 야근하지 않을 권리를 얻을 수 있었다.

조직을 한꺼번에 개혁하는 일은 불가능하지만, **작은 아이디어로 좀 더 나은 근무환경을 만들어내는 일은 얼마든지 가능하다**는 사실을 A씨의 사례를 통해 배울 수 있었다.

종장

**모든 것을 누리는**

**인생의 기술**

"모두 '잘살자고' 하는 일이다"

## 일하기 위한 삶이냐, 삶을 위한 일이냐

은퇴하고 처음 맞이하는 여름, 나는 두 달 내내 프랑스에서 지냈다.

나는 사장 시절부터 여름 3주와 겨울 일주일, 1년에 꼭 한 달은 휴가를 내서 쉬었다. 그러니 여느 직장인들에 비하면 휴가와 아주 친숙한 편이다.

하지만 두 달이라는 긴 휴가는 난생처음이었다. 프랑스로 떠나기 전에 '뭐 하고 놀지?', '할 일이 없으면 어쩌지?' 하는 불안감에 트렁크 하나에 책을 가득 담았다.

결론부터 말하자면, 바캉스에 익숙한 현지 프랑스인들과

교류하고 일본에서 찾아온 친구들과 함께 지내다 보니 두 달이라는 시간이 쏜살같이 지나갔다.

프랑스에서 내가 새삼 깨달은 것은 인생을 즐기기 위해서는 준비가 필요하다는 사실이다. 정년 이후 시간이 많아도, 미리미리 계획을 세워서 가족이나 친구들과 유대감을 다져 두는 준비를 하지 않으면 갑자기 생긴 시간이 고통스런 여생으로 전락할 위험이 있다.

야근 철폐를 외치는 내 주장에 대부분의 경영자들은 여전히 귀 기울이지 않는다. 오히려 근로자의 장시간 노동이 산업 발전의 원동력이라면서 야근 옹호론으로 맞선다.

다른 선진국의 경우, 노동력 착취를 운운하는 경영자는 훌륭한 실적을 올렸다 해도 존경과 신뢰를 얻지 못한다. 직원들에게 야근을 강요해서 장시간 일을 시키면, 그만큼 실적이 올라가는 것은 당연한 일, 이는 경영 능력이라고 말할 수 없다. 훌륭한 경영자라면 야근을 하지 않고 성과를 올리는 방식을 계발해 내야 한다.

요즘 '워크-라이프 밸런스'의 중요성이 조금씩이나마 부각되고 있다. 그런데 경영자들은 '워크-라이프 밸런스'의 참된 의미에는 관심이 없고, 단순히 '연간 노동시간이 법정

시간을 초과하면 과로사 의심을 받을 수 있는데, 이를 막으려면 어떻게 해야 하지?' 하며 소극적 대책에만 골몰하는 실정이다. 회사가 직원들의 인생까지 책임질 필요가 없다는 것이 그들의 솔직한 속내다.

'워크-라이프 밸런스'라는 단어의 발상지는 아마도 미국의 월가가 아닐까 싶다. 유럽에서는 '야근제로'가 상식이다 보니 '워크'와 '라이프'의 밸런스를 어떻게 추구해야 하는지 일부러 생각할 필요가 없다. 실제 일과 생활의 조화로운 삶을 실천하는 사람들 앞에서 이 단어를 새삼스레 논할 필요는 없을 테니까.

그런 점에서 말을 꺼낸 당사자인 미국인은 '워크-라이프 밸런스'의 의미를 제대로 이해하고 있는 것 같았다.

LA에 사는 지인의 딸이 있어서 그 집에 초대를 받아 방문했을 때의 일이다. 한창 분위기가 고조되었을 때, 미국인 남편은 'life for work(일하기 위한 삶)'가 아니라, 'work for life(삶을 위한 일)'가 되어야 한다고 역설했다.

유감스럽게도 내가 아는 대부분의 일본인은 'life for work'이다.

프랑스의 여름은 서머타임이 있어서 밤 9시가 되어야 해가 진다. 덕분에 오후 5시에 퇴근하면 5시 30분부터는 자택 풀장에서 일광욕을 즐긴다. 이는 일부 부유층에만 허용된 특권이 아니다. 내가 아는 정원사도 철물점 아저씨도 집에 자그마한 수영장이 있었다.

한편 일본인은 날마다 밤늦게까지 일한 덕분에 회사는 부유하고 국가는 풍요로워져도, 개인은 야근으로 피폐해져 간다. 일본인을 좀 더 쉬게 해달라고 국가와 정부, 회사에 소리를 높여야 마땅하다.

## 뒤집어보면 간단한 저출산 대책

최근 남성의 소심화 현상과는 반대로 당차고 똑똑한 여성이 급증하는 것 같다. 시대에 발맞추어 기업에서도 지금까지 남성의 전유물로 여겨온 포지션에 훌륭한 여성 인재를 적극적으로 등용하고 있다. 아주 바람직한 현상이다. 유능하냐 무능하냐는 성별과는 전혀 관계가 없다. 단지 여성이라는 이유로 능력 있는 여성을 발탁하지 않는 기업에게는 미래가 없을 것이 자명하다.

  문제는 이러한 추세에도 아랑곳하지 않고 지금까지 남성 중심의 업무 스타일이 고스란히 답습되고 있다는 사실이다. 일 잘하는 여성일수록 여성으로서 특별한 대우를 원치 않는다. 오히려 남성과 똑같은 조건에서 근무하기를 원한다. 그런데 남성과 같은 근무조건을 내세운다면 필연적으로 야근이 따르는 것이 우리의 현실이다.

  일본의 경우, 여성이 육아와 직장을 병행할 수 있는 인프라가 충분히 구축되지 않아서 대부분의 기업에서는 여전히 결혼과 출산이 업무의 핸디캡이 되고 있다. 현실이 이렇다 보니, 회사에서 능력을 인정받는 여성일수록 결혼은 미루고 일에만 전력투구하게 된다. 일에만 전념하던 30대 후반 여성이 슬슬 결혼을 생각할 즈음에는 주위 남성들은 이미 결혼한 상태다. 게다가 여성 자신의 눈높이가 높아서 상대를 찾기가 더 어렵다. 앞으로 골드미스의 눈높이를 충족시킬 만한 훌륭한 남성이 어디선가 쏟아져나온다면 또 모를까, 일에만 전념하는 독신 여성은 기하급수적으로 늘어날 것이다.

  물론 싱글 라이프도 삶의 한 방식으로 존중해 주어야 한다. 다만 국가 차원에서 본다면 이는 큰 손실이다. 아이는 어머니의 영향을 크게 받고 자란다는 것이 나의 경험이자 지론이다. 훌륭한 여성 인재들이 자녀 출산을 기피함으로써, 다음 세대로 그 재능이 이어지지 못하고 대가 끊기고 만다. 자녀 출산과 양육을 위해 훌륭한 여성 인재들이 어쩔 수 없이 회사를 떠나기도 한다. 어느 쪽이든 사회에 큰 손실임에 분명하다.

정부는 이와 같은 현실을 좀 더 심각하게 받아들이고 하루빨리 대책을 세워야 한다. 구체적으로 믿을 만한 보육시설을 확충하는 등 자녀를 가진 여성이 편안하게 일할 수 있는 환경을 마련하고, 나아가 법률을 개정해 법률적으로 기업이 야근을 강요하기 어렵게 만들어야 할 것이다. 남성이든 여성이든 빨리 업무를 마치고 가정으로 돌아갈 수 있어야 한다.

이는 유능한 여성의 눈높이에 맞는 남자를 배출하는 일보다 훨씬 손쉽게 실천할 수 있는 저출산 대책이 아닐까?

## 지금 당신의 파트너는
## 어디를 보고 있는지 아는가?

 조직에 몸담고 있는 동안에는 일 잘하는 것이 지상 최고의 가치로 여겨지지만, 언젠가는 정년이라는 게 있어서 반드시 회사를 떠나게 될 날이 온다는 사실을 잊어서는 안 된다. 왜냐하면 정년 이후에도 인생은 쭉 계속되니까.

 나는 현역 시절부터 저녁식사 모임에 가능한 아내를 동반했다. 물론 상대에게도 부부동반을 부탁했다.

 얼마 전, 부부동반 저녁모임에서 있었던 일이다. 한창 이야기가 오가는 가운데, 상대방이 자신의 아내를 "나의 전우다!"라고 표현했다. 그러자 당사자인 부인은 "난 당신에게 전우로 기억되고 싶은 마음, 추호도 없어요!" 하며 버럭 화를 냈다.

 상대는 전형적인 '기업 전사'로, 젊은 시절부터 새벽 출근에 자정 귀가, 게다가 휴일에는 접대 골프로 부부간의 대화가 거의 없었다. '몇십 년이나 남남처럼 지내다가 이제 와서 새삼 전우라니, 이게 무슨 소리야!' 하며 화를 내는 부인의 마음이 충분히 이해가 갔다.

이런 이야기도 있었다.

친분이 두터운 동기가 먼저 세상을 떠나는 바람에 그 장례식에 우리 친구들이 모였다. 그 가운데 지방에서 혼자 생활하며 회사에 다니는 친구가 한 명 있었다. 그 친구의 본가는 장례식장과 그리 멀지 않은 곳에 있어서 당연히 장례식 이후에 가족들을 찾을 거라고 생각했는데, "아니, 바로 나고야로 내려갈 거야." 하며 고개를 떨어뜨리는 게 아닌가!

"집에 가도 내가 맘 편히 앉아 있을 곳이 없는걸."

친구 이야기를 듣는 순간, 이것이 우리의 현실인가, 하며 마음이 착잡했다.

본인은 가족을 위해 객지에서 열심히 일한다고 생각하지만 가족은 그렇게 생각해 주지 않는다. 간혹 엄청난 배신이 기다리는 경우도 있다.

요즘 내 주위에는 친구들이 하나둘씩 정년퇴임을 맞이하고 있다. 그중 많은 친구들이 "마누라가 점심 차리기 귀찮다며 나가라네. 마누라한테 쫓겨났어."라고 말한다.

어느 주택 리모델링 광고도 참 마음이 아팠다.

퇴직한 남편과 집에 같이 지내게 되면 부부가 쾌적하게 생활할 수 있게 리모델링하자는 광고 콘셉트였는데, 그 방법이 가히 아연실색할 정도다. 방 안에 낮은 칸막이를 설치해서 앉으면 서로 상대방의 모습이 보이지 않게 한다는 것이다. '이렇게 하면 쌍방의 프라이버시를 확보할 수 있습니다'라고 말하고 싶을 테지만, 요는 서로의 존재가 스트레스가 되고 있다는 뜻이다.

결혼할 때 아내는 나에게 이런 말을 건넸다.

"결혼 전에는 서로 상대방의 눈을 보면서 마주 보지만, 결혼하고 나서는 손과 손을 맞잡고 같은 방향을 바라보며 함께 걸어가요."

지금 생각해 보면 아내의 말은 결혼의 본질을 대변해 주는 귀한 충고였다. 단순히 한집에서 같이 생활하는 것만으로 둘이서 같은 방향을 바라보고 있다고 착각해서는 안 된다. 서로가 그렇게 되고 싶다면 끊임없이 노력해야 한다. 그런데 대부분의 커플들은 결혼과 동시에 붙잡은 손을 놓고 각자 다른 방향으로 걸어간다. 그러다 세월이 흘러 은퇴와 동시에 시간의 여유가 생겨서, 다시 손을 잡고 같은 방향을 바라보려는 순간 둘 사이엔 이미 건널 수 없는 강이 자리잡고 있다.

며칠 전, 백화점에서 강연할 기회가 있었다.

강연회장까지 좀 걷고 싶어서 계단으로 걸음을 옮기다가, 계단 통로에 놓인 의자에 양복을 말끔히 차려입고 넥타이를 맨, 나이 지긋한 노신사들이 앉아 있는 광경을 발견했다.

'도대체 이 노인들은 왜 여기에 앉아 있는 거지?' 하는 호기심에 그들의 대화를 엿듣고는 깜짝 놀랐다. 퇴직 이후 가정에서 맘 편히 지내지 못하는 노신사들이 안주할 만한 곳이라고 찾아낸 곳이 결국 백화점 복도 의자였던 것이다.

한때는 그들도 회사에서 잘나가는 인재로 명성을 떨쳤는지 모른다. 하지만 그들의 가장 큰 실수는 '직장이야말로 인생의 모든 것'이라고 믿어 의심치 않았다는 것이다.

## '여생'이냐 '진생'이냐?
## 인생 전체의 균형을 잡아라

'워크-라이프 밸런스'의 의미를 정확하게 이해하는 사람은 그리 많지 않다. 대개 '일과 인생의 균형'이라는 직역만이 머릿속에 떠오를 것이다.

그런데 일과 인생의 균형이라, 이건 좀 어색하지 않은가?

일은 인생과 상반된 것이 아니라 인생 가운데 포함된, 혹은 인생의 일부를 구성하는 것이다. 따라서 '워크-라이프 밸런스'를 일과 인생의 균형이라고 직역하기보다는 **일과 일 이외의 생활의 조화**'라고 말하는 쪽이 정확한 표현이다.

또한 '워크-라이프 밸런스'를 일하는 현재 시점만으로 파악하는 것도 그다지 의미가 없다. 그렇다고 무작정 인생 전체를 통틀어 '워크-라이프 밸런스'를 생각하라고 해서 의미가 와 닿는 것도 아니다.

나는 다음 면의 그림과 같이 '워크-라이프 밸런스'를 생각한다. 세로축이 하루, 가로축이 입사부터 정년을 거쳐 인생을 마감하기까지의 시간축이다.

이 그림을 보면 많은 것들이 떠오르지 않는가?

60세까지의 근무시간 동안 하루 8시간 수면, 사무실에 매여 있는 시간이 점심시간을 포함해 9시간, 출퇴근시간이 왕복 2시간이라고 어림잡으면, 나머지 5시간이 진정한 '라이프'에 속할 테지만 대부분은 이 라이프 시간에 야근을 한다.

## "인생 전체의 균형을 생각하라"

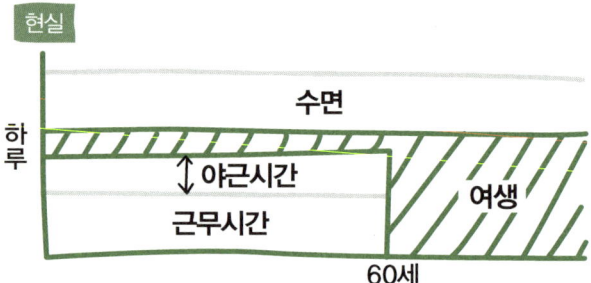

야근으로 업무 이외의 생활을 갖지 못하면, 은퇴 이후의 생활이 '나머지 인생=여생(餘生)'에서 그친다.

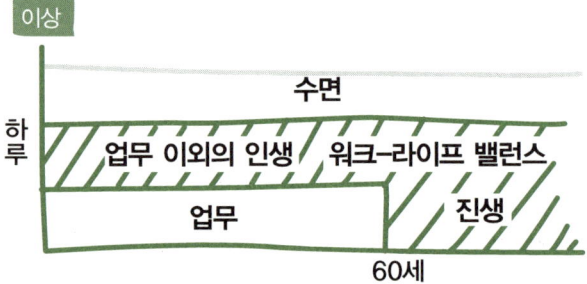

야근하지 않고 업무 이외의 인생을 준비해 두면, 은퇴 이후의 생활은 '진짜 인생=진생(眞生)'으로 충분히 즐길 수 있다!

만약 야근을 4시간 한다면 정년 이전에 라이프는 하루 1시간에 불과하다. 근무시간과 야근, 출퇴근시간을 모두 포함한 것이 '워크'에 해당한다면, 현직에 있는 동안 '워크-라이프 밸런스'는 15대 1이 되어, 업무비중이 엄청나게 높다.

반면에 은퇴 이후에는 이 워크 부분이 고스란히 라이프로 바뀐다. 더구나 60세에 은퇴해서 평균수명까지 산다면 라이프 위주의 상황이 25년에서 30년이나 이어진다.

첫 직장생활부터 인생을 마감하기까지의 '워크-라이프 밸런스'를 종합해 보면, 라이프의 비율이 상상 이상으로 높고 경우에 따라서는 워크를 훨씬 웃돈다는 사실을 알 수 있다.

요컨대, 이 그림을 보면 '일은 곧 인생이다'는 말이 얼마나 비현실적인지 쉽게 수긍이 갈 것이다.

## 무의미한 야근 대신 찾은 당신의 진짜 인생을 위하여!

많은 사람들이 죽을 때까지 현직에 남고 싶어한다. 물론 이런 목표도 나쁘지는 않지만 현실적으로 평생직장은 불가능하다. 더욱이 돈을 벌기 위해 일해야 한다면 업무 자체가 괴롭게 여겨질 것이다.

그렇다면 **일이 아닌 생활에서 보람이나 자아실현을 찾는 것**이 현명하지 않을까?

인생의 3분의 1을 차지하는 수면이 낮 동안의 활동을 위해 생략할 수 없는 하나의 과정이듯이, 업무에도 지나친 의미를 부여하지 말고 생활을 유지하기 위한 돈벌이라고 단순하게 생각하는 것이다. 그리고 어차피 해야 한다면 게임으로 즐기면서 일하는 게 더 낫지 않겠느냐는 것이 이 책에서 내가 꼭 전하고 싶은 말이다.

왜 내가 야근을 공공의 적으로 여기는지 앞서 소개한 그림을 보면 절로 고개가 끄덕여질 것이다. 현직에 있는 동안, 야근이 생활까지 잠식한 탓에 은퇴 이후의 인생을 전혀 준비하지 못하고 있다. 결과적으로 일을 그만두면 마치 교도소에서 출감한 사람처럼 무엇을 해야 할지 감을 잡지 못한다. 이런 무시무시한 공포를 직시해야만 한다.

또 한 가지, 은퇴 이후의 긴긴 시간을 생각해 보자. 생활을 위한 노동에서 벗어나 마침내 자유로운 삶을 영위할 수 있을 때가 진짜 인생이라고 생각하지 않는가?

'워크-라이프 밸런스'를 인생이라는 긴 안목으로 접근해야 한다.

유럽에서는 은퇴 이후가 진짜 인생이라고 생각하기 때문에 성공한 사람일수록 예순이 되기 전에 돈을 모아서 은퇴한다. 정년퇴임식에서 건네는 인사도 물론 '축하합니다!'가 된다. 그도 그럴 것이, 이제부터는 회사에 출근하는 대신 마음만 먹으면 해변을 유유자적 거닐며 자유롭게 지낼 수 있으니, 그보다 더 축하받을 일이 또 어디 있으랴!

반면에 일본인들은 대개 그렇게 생각하지 않는다.

'아직 늙지 않았는데……'

'지금도 열심히 일할 수 있는데……'

나도 퇴임할 때, 축하보다는 "한 살이라도 젊을 때 더 일하셔야 하는데." 하는 아쉬움 섞인 인사를 많이 받았다.

주위를 둘러봐도 '이제부터 자유를 만끽하자!'며 기꺼이 정년을 맞이하는 사람은 드물다. 대개 정년퇴직과 동시에 '아직 집에서 쉴 만한 노인이 아니다'며 재취업 자리를 알아보면서 하루라도 더 오래 일하려는 것이 상식이다. 끝까지 일을 고수하는 마음의 이면에는 '일이 없으면 무엇을 하지?'라는 공포가 도사리고 있다.

중견업체의 사장을 지내다가 퇴임한 지인은 월요일에는 터키어, 화요일에는 중국어 식으로 일주일 내내 학원에 다닌다며 자랑했다. 그런데 그 지인은 어학공부가 오랜 꿈이었다기보다 뭔가 하면서 시간을 보내지 않으면 불안했던 것 같다. 달리 표현하자면 자유로운 시간을 어떻게 보내야 하는지 그 방법을 제대로 몰랐던 것이다.

인간은 갑자기 자유로운 시간이 주어지면 머뭇거리기만 할 뿐 아무것도 하지 못한다. 은퇴 이후, 죽을 날만 기다리는 여생이 아닌, **진짜 인생**으로 충실하게 보내려면 미리 준비해 두어야 하는 이유가 바로 여기에 있다.

덧붙이자면 나는 진짜 인생을 줄여서 **'진생'**이라고 즐겨 부르는데, 이 말이 좀 더 널리 보급되었으면 하는 바람이다.

그렇다면 '진생'을 위한 준비는 언제 해야 할까?

현직에 있는 동안, 업무 이외의 시간을 이용해야 한다. 그런데 날마다 밤늦게까지 일하면서 따로 시간을 낼 수 있겠는가? 이제부터라도 야근을 줄이기 위해 노력해야 한다. 무엇을 준비해야 하는지 잘 몰라도 우선은 야근을 줄이면 그만큼 자유로운 시간이 늘어난다. 그 시간을 즐기는 것만으

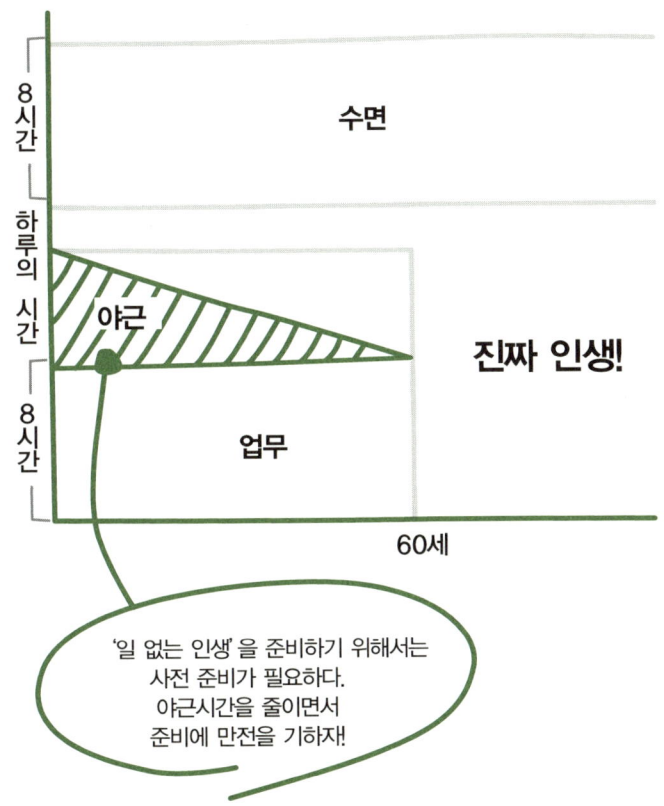

로도 충분한 준비가 된다.

한편 가족들과 대화가 부족했던 가장이라면 파트너와 대화시간을 갖는 일부터 시작하라. 진생이라는 결코 짧지 않은 시간을 함께 보낼 사람은 역시 가족, 그중에서도 당신의 반려자일 테니까.

당장 오늘부터 조금 빨리 퇴근해 보는 건 어떨까?

당신의 '진짜 인생'을 위하여!